1,55

EN SCÈNE!

Fifteen playlets in French

EN SCÈNE!

Fifteen playlets in French

by

MARIAN ARNOLD, M.A., A.K.C., Ph.D.

Fellow of the Royal Society of Arts,
Membre associé de l'Académie de Mâcon

Formerly Headmistress of the Sarah Bonnell
Grammar School, London.

HULTON EDUCATIONAL PUBLICATIONS

© Marian Arnold 1971

First published 1971 by Hulton Educational Publications Ltd,
Raans Road, Amersham, Bucks.
ISBN 0 7175 0589 8

Printed in Great Britain by
Northumberland Press Ltd., Gateshead

CONTENTS

	Page
Un anniversaire joyeux	9
Au restaurant	19
Monsieur Leblanc est hospitalisé!	28
On est prêt?	36
On voyage par le train	45
La distribution des prix	55
On traverse la rue	64
Une répétition	73
On voyage par le Métro	84
Des astronautes atterrissent	93
Les cowboys	101
On joue de la guitare	109
Un élève joue le rôle du professeur	116
On est dans la cuisine!	125
On manque le train!	137
NOTES	146
VOCABULAIRE	155

PREFACE

None of these plays needs elaborate presentation or scenery. All can be performed in the classroom, where imagination can often be used to aid production. There are not many indications of the emotions of the players—these are left to the producer and the class.

All names are fictitious, and the situations are those of every day.

Most of the vocabulary used is to be found in 'Le français fondamental'; any other words are given in the vocabulary at the back of the book.

I am most sincerely grateful to Monsieur Emile Magnien, Ancien Président de l'Académie de Mâcon, Conservateur des Musées de Mâcon et de Tournus, for having so very kindly read the manuscript, and for the most helpful suggestions he has made about it.

M.A.

UN ANNIVERSAIRE JOYEUX

Personnages :
  Monsieur Durand
  Madame Durand
  Jean, leur fils, 16 ans
  Claire, leur fille, 15 ans
  Paul, leur neveu, 17 ans
  Yvonne, leur nièce, 15½ ans

Scène I

La salle à manger. Au fond de la scène, une cheminée, avec une pendule au dessus. Il est huit heures. A gauche, une porte. Au centre, une table et six chaises. La table est déjà mise. Jean entre, en fredonnant une chanson française.

Jean : Mm mmm mmm mmm mmm mm mmm mm......
Huit heures! Personne ici! Bien! Je peux mettre à sa place sur la table le cadeau pour mon père. C'est aujourd'hui son anniversaire. (Il met un petit paquet à la place de son père sur la table, en face de la fenêtre.) J'espère qu'il aimera ce que j'ai acheté. C'est une carte qui indique les autoroutes.

(A ce moment, Claire entre. Elle aussi, elle a un paquet sous le bras.)

Claire : Bonjour, Jean. Tu as bien dormi?
Jean : Très bien, merci. J'ai dormi comme une souche.
Claire : Moi aussi. J'étais tellement fatiguée! Ah, je vois que tu as déjà posé sur la table ton cadeau pour papa. Moi, je vais mettre le mien à côté du tien.

JEAN: Qu'est-ce que tu lui as acheté?

CLAIRE: Cette fois-ci je n'avais pas beaucoup d'argent. J'ai trop dépensé, mais comme j'y pense depuis longtemps, j'ai fait à la main une cravate de soie.

JEAN: Quelle bonne idée! Elle est de quelle couleur, la cravate? Et pourquoi as-tu tant dépensé?

CLAIRE: J'ai dû m'acheter du vernis à ongles. (D'un ton très gai) Regarde! (Elle lui montre la main, et Jean fait un geste d'approbation.) La cravate est de couleur fauve, car c'est une couleur qui va avec n'importe quoi. Qu'est-ce que tu vas lui donner?

JEAN: Une carte—assez détaillée—qui montre les autoroutes.

CLAIRE: Oh, ça va lui faire bien plaisir—et c'est en même temps très utile.

(A ce moment, Paul et Yvonne entrent dans la salle à manger.)

YVONNE: Bonjour, Claire. Bonjour, Jean. Vous êtes prêts tous les deux à fêter l'anniversaire? Notre oncle aura quarante-six ans! Je me demande s'il en est content!

PAUL: Pourquoi pas? Il n'est pas âgé, voyons!

YVONNE: Non, mais il frisera bientôt la cinquantaine!

PAUL: Eh bien, quoi alors! Toi aussi, tu auras un jour cinquante ans!

YVONNE (poussant un grand soupir): Oui, malheureusement! Mais j'entends notre oncle qui vient. Vous êtes prêts, tous?

JEAN: Oui, mais mettez vite vos cadeaux à leur place.

YVONNE: Ah! J'avais oublié! Vite, Paul!

(Ils mettent tous les deux les cadeaux sur la table. Monsieur Durand entre.)

LES ENFANTS (ensemble): Heureux anniversaire!

MONSIEUR DURAND: Merci, mes enfants. (D'un ton un peu

inquiet) Je suis toujours jeune, n'est-ce pas?

PAUL :   Mais oui, mon oncle. C'est ce que je viens de dire à Yvonne.

MONSIEUR DURAND (souriant—il n'est point fâché) :   Ah, vous en avez discuté alors?

PAUL :   Discuté non, oncle, disons plutôt que nous avons fait quelques réflexions philosophiques au sujet de l'âge.

YVONNE :   Et nous avons trouvé que le temps passe vite.

MONSIEUR DURAND :   Bien vite! Mais il ne faut pas être trop sérieux aujourd'hui. Où est maman?

CLAIRE :   Elle est dans la cuisine, papa. Elle va venir tout de suite.

(A ce moment, Madame Durand entre.)

Ah! La voici! Bonjour, maman! Puis-je t'aider?

MADAME DURAND :   Bonjour, tout le monde! Oui, ma fille, si tu veux bien m'apporter la cafetière.

CLAIRE :   Certainement, maman.

(Elle sort. Elle rentre presque tout de suite, et fait une révérence très gaie.)

Monsieur et Madame sont servis!

JEAN
PAUL   }   Et nous?
YVONNE

CLAIRE :   Bien entendu. Asseyons-nous.

MONSIEUR DURAND :   Mais qu'est-ce que je vois? Tous ces paquets! Je crois deviner. Merci, merci, tous.

TOUS :   Mais ouvre-les, papa (oncle).

(Monsieur Durand ouvre ses paquets.)

MONSIEUR DURAND :   Mais qu'est-ce que c'est? Quel magnifique stylo, et aussi un calendrier, un buvard, un bloc-notes, des trombones, des élastiques, une gomme—tout ce dont j'ai besoin. Mais c'est sensationnel! (Lisant): 'A mon cher oncle Denis, joyeux anniversaire—Yvonne.' Merci beaucoup, Yvonne. Tu es si gentille!

YVONNE (d'un ton un peu inquiet): Ça te plaît, mon oncle? Vraiment? Tu trouves ça utile? Il est vraiment difficile d'acheter un cadeau pour les hommes. Ils se servent de si peu de choses. Pour Maman, ou pour tante Monique, ce serait tout à fait différent—beaucoup plus facile.

MONSIEUR DURAND: Mais ce second paquet. Ça aussi— c'est magnifique. Je ne sais que dire. Merci beaucoup beaucoup, Paul, C'est le plus joli porte-clefs que j'aie jamais vu! Et je n'en avais pas. Comment as-tu deviné?

PAUL: Je t'ai observé, mon oncle. Quand nous allons nous promener en auto, en rentrant à la maison, tu dois toujours chercher tes clefs, qui sont toujours enfouies ou fond de ta poche. J'espère que tu es content?

MONSIEUR DURAND: Bien sûr. Ça me plaît beaucoup, Paul. Merci encore. Et ce troisième paquet. C'est sans doute un de mes enfants, mes chers enfants, qui m'a donné ça?

CLAIRE: Mais ouvre-le, papa.

MONSIEUR DURAND (qui a ouvert le troisième paquet): Mais quelle jolie cravate! C'est une très jolie couleur, qui ira bien avec tous mes complets. Et en soie! Très, très jolie! Qui m'a donné cela? (Lisant la carte) 'De ton affectueuse fille, qui t'embrasse de grand coeur. Heureux anniversaire! Claire.' Merci, merci mille fois, Claire. C'est très joli—mais j'espère que tu n'as pas dépensé tout ton argent de poche?

CLAIRE: Mais non, papa. Je suis tout à fait capable de faire des économies quand c'est pour acheter un cadeau. Est-ce que tu n'es pas mon petit papa adoré? Bien sur que oui, alors ce n'est pas un sacrifice, mais un plaisir!

MONSIEUR DURAND (pensif): Nous allons voir s'il sera possible à la fin du mois d'augmenter ton argent de poche. Qu'en penses-tu, maman?

MADAME DURAND : Mais oui, je crois que c'est possible Denis, car vraiment les prix ont par trop augmenté ces derniers mois. Et Claire a de plus en plus de besoins maintenant, n'est-ce pas, Claire?

CLAIRE : Oh oui, maman. Merci, papa. Merci beaucoup.

MONSIEUR DURAND : Eh bien, ma petite, il faut attendre un petit peu, hein? Jusqu'à la fin du mois.

CLAIRE : N'importe. Ça viendra. Mais ouvre le cadeau de Jean, papa.

MONSIEUR DURAND : Ah, tu sais ce que c'est? Tu l'as déjà vu?

CLAIRE : Bien sûr, je sais ce que c'est. Jean me l'a dit. Nous nous faisons confiance, n'est-ce pas, Jean?

JEAN : Mais certainement.

MONSIEUR DURAND : Mais ça—ça—les paroles me manquent. Tu as vraiment choisi quelque chose qui me ravit —et en même temps ce sera très utile. Oh! Que j'ai des enfants intelligents et affectueux! (Il les regarde tous d'un air très fier.) Et vous, Paul et Yvonne, vous en faites partie. Mais j'ai laissé jusqu'à la fin ce dernier paquet, ce très grand paquet. Ce doit être de ma chère femme.

MADAME DURAND : Oui, c'est de moi, mon chéri. Tous mes meilleurs vœux pour un très joyeux anniversaire, et que tu sois toujours heureux.

MONSIEUR DURAND : Merci, merci, Monique.

(Il ouvre le dernier paquet.)

Mais—un magnétophone. Oh, Monique, c'est tout ce qu'il y a de plus beau! J'en avais tellement envie. Depuis longtemps je les regarde aux devantures des magasins. Et je penserai à toi chaque fois que je m'en servirai—je n'ai pas besoin de m'en servir, bien entendu, pour penser à toi, ma chérie, car tu es toujours dans mes pensées—mais—oh! que je suis heureux! Quel anniversaire merveilleux!

MADAME DURAND: Eh bien, maintenant, vous êtes prêts pour le petit déjeuner, tous? Voulez-vous que je le serve?

CLAIRE: Moi, je vais chercher encore du café. Celui-ci est complètement froid.

Scène II

PERSONNAGES:

Les mêmes: Monsieur et Madame, les enfants et leurs cousins

Une caissière

Hélène, une serveuse

En auto. L'après-midi du même jour. On roule dans la campagne. Monsieur Durand conduit. Madame Durand est à côté de lui. Les quatre enfants sont à l'arrière, derrière Monsieur et Madame.

YVONNE: Oh! Voilà un lapin!

JEAN: Où?

PAUL: Là—il s'enfuit, le pauvre!

YVONNE: Mais en voilà un autre. C'est peut-être la lapine.

CLAIRE: Probablement, et peut-être y a-t-il aussi des petits. Fais bien attention, papa, en conduisant, n'est-ce pas?

MONSIEUR DURAND: Mais, moi, je suis toujours prudent. Je prends garde à ce que je fais.

MADAME DURAND: Tu conduis très bien, Denis.

MONSIEUR DURAND (très content): Merci, Monique.

MADAME DURAND: J'espère que nos amis les Dubois seront contents de nous voir. Je n'ai pas pu les avertir de notre arrivée. J'ai essayé de leur donner un coup de téléphone, mais la ligne était occupée.

YVONNE: Alors, ma tante, si nous voyons que notre visite les embarrasse, nous pourrons partir après une demi-heure. Nous faisons une promenade en auto, n'est-ce pas? Nous n'avions pas l'intention de faire des visites. Et c'est un anniversaire. Il faut revenir assez vite chez nous? Ai-je tort?

MADAME DURAND: Non, tu as raison, Yvonne. Mais moi, j'ai des idées un peu rococo. J'aime donner un coup de fil même avant une très courte visite. Ce n'est pas, très poli, il me semble, d'aller voir des amis sans cela.

CLAIRE: Mais, maman, les Dubois nous connaissent depuis toujours.

MADAME DURAND: Oui, c'est vrai. Angélique et moi, nous avons fréquenté la même école. Nous étions toujours ensemble en classe.

JEAN: Quel bel arbre! Il doit être très vieux!

CLAIRE: Une centaine d'années, peut-être. Papa, j'ai grand' soif. Est-ce que nous ne pourrions pas aller boire un café cet après-midi?

MONSIEUR DURAND: Non, ma petite. Nous n'allons pas prendre le café aujourd'hui!

CLAIRE (désappointée): Oh, papa, j'ai soif. Nous n'avons rien à faire. La journée est à nous. C'est ton anniversaire!

MONSIEUR DURAND: Oui, ma chérie. Je te taquine! Nous n'allons pas prendre le café parce que l'après-midi Maman prend toujours du thé—très fort et très sucré—n'est-ce pas, maman?

MADAME DURAND (souriant): Oui, toujours du thé.

MONSIEUR DURAND: Nous sommes de nouveau revenus en ville. Nous chercherons un salon de thé. Dites-moi si vous en voyez un.

MADAME DURAND: Et la visite aux Dubois?

MONSIEUR DURAND: Ce sera pour un autre jour. En tout cas, nous verrons tout à l'heure. Tu es d'accord?

MADAME DURAND :   Oui, je suis d'accord, puisque je n'ai pas pu leur donner un coup de fil. Peut-être vaut-il mieux remettre la visite à la semaine prochaine.

PAUL :   Oncle Denis, voilà un salon de thé!

YVONNE :   Moi aussi, j'ai soif.

MONSIEUR DURAND :   Eh bien, nous allons nous arrêter et faire la pause pendant une demi-heure. Vous êtes tous d'accord?

TOUS :   Mais oui.

PAUL :   C'est une bonne idée, mon oncle.

(Monsieur Durand serre le frein, et ils descendent de l'auto. Ils entrent dans le salon de thé.)

LA SERVEUSE :   Bonjour, messieurs dames!

M. ET MME DURAND :   Bonjour, mademoiselle.

(Ils s'asseyent à une petite table, ainsi que les enfants.)

LA SERVEUSE :   Vous désirez?

MONSIEUR DURAND :   Que bois-tu, Paul? Et toi, Yvonne? Pour toi, Claire? Et toi, Jean? Et toi, tu prends du thé, ma chérie?

MADAME DURAND :   Oui, merci.

YVONNE :   Je vais choisir un gâteau. Puis-je choisir un gâteau pour toi, tante Monique?

MADAME DURAND :   Oui, s'il te plaît.

MONSIEUR DURAND :   Mais tu ne m'as pas dit ce que tu veux boire, Yvonne.

YVONNE :   Oh, pardon. Un café filtre, s'il te plaît.

    (À Claire): Tu m'accompagnes, Claire?

MONSIEUR DURAND :   Et toi, Claire? Que veux-tu prendre comme boisson?

CLAIRE :   Un café au lait, papa, s'il te plaît.

(*Claire se lève et Yvonne et Claire vont à la vitrine pour choisir des gâteaux.*)

CLAIRE (à Madame Durand):   Nous t'avons choisi un chausson aux pommes, maman. Ça te plaît?

MADAME DURAND: Mais oui, mon enfant, je crois bien.

(*La serveuse revient avec le thé et le café. La famille mange et boit.*)

MONSIEUR DURAND: Ah! Qu'il est agréable d'être en congé! Mais je me demande ce qui peut bien se passer au bureau.

MADAME DURAND: Mais c'est ton anniversaire, voyons. Pas de travail aujourd'hui. Tu as d'ailleurs une bonne secrétaire. Pascale s'occupera de tout.

MONSIEUR DURAND: Oui, tu as raison. Et même si je donne un coup de fil, il est trop tard. Il n'y a rien à faire.

MADAME DURAND: Mon cher, il est cinq heures. Tu veux continuer à rouler un petit peu? Tu as bien décidé de rendre visite aux Dubois la semaine prochaine?

MONSIEUR DURAND: Je crois bien. Il faut penser à rentrer chez nous. Nous devons partir. Mais ne vous pressez pas, tout de même.

CLAIRE: Nous avons tous fini, papa.

(*Ils se lèvent. M. Durand laisse un pourboire sous la soucoupe. Il s'arrête devant la caisse.*)

MONSIEUR DURAND: C'est combien, madame, s'il vous plaît?

LA CAISSIÈRE: Hélène, donnez l'addition à Monsieur, s'il vous plaît.

HÉLÈNE: Qu'est-ce que vous avez mangé, monsieur? Combien de gâteaux?

MONSIEUR DURAND: Cinq gâteaux, je crois. (Se tournant vers Mme D.) N'est-ce pas, Monique?

MADAME DURAND: Oui, cinq.

MONSIEUR DURAND: Alors, cinq gâteaux, trois thés, un café filtre, deux cafés au lait.

HÉLÈNE: Merci, monsieur. Voilà, monsieur (lui donnant l'addition).

LA CAISSIÈRE: Douze francs vingt, s'il vous plaît.

(M. Durand lui tend un billet de dix francs et deux pièces de deux francs.)

Voilà, monsieur. (Elle rend la monnaie à M. Durand) Vingt-cinq, quarante-cinq, cinquante, soixante, soixante-dix, quatre-vingt-dix, treize francs, quatorze francs. Merci, monsieur. Merci beaucoup. Au revoir, messieurs dames.

TOUS: Au revoir, madame.

(Ils sortent du salon et remontent en auto.)

MONSIEUR DURAND: En route! A la maison!

RIDEAU

AU RESTAURANT

Personnages :
 Monsieur Dupont
 Madame Dupont
 Jean, leur fils
 Anne, leur fille
 Marcel, le garçon
 Trois autres clients

Un restaurant du quartier. La famille entre. Monsieur Dupont, sa femme et ses enfants, s'asseyent près de la fenêtre. Il y a beaucoup d'autres personnes dans le restaurant.

M. Dupont : Vous êtes bien installés ici, oui?

Mme Dupont : Oui, très bien, merci. Nous pourrons tout voir—la rue et l'intérieur.

M. Dupont : Tu pourras regarder les femmes qui passent— tu verras de la haute couture ici. Ça donne sur la rue de la Paix—très à la mode!

Mme Dupont : J'en suis ravie. Moi j'achète toutes mes affaires dans les grands magasins! Mais voyons la carte du jour.

(*Marcel s'approche. Il met le menu devant Monsieur et aussi une carte devant Madame; les enfants regardent avec leurs parents.*)

Jean : Papa, puis-je prendre du melon pour commencer? Je l'aime tellement!

M. Dupont : Bien sûr. Jean, tu auras du melon. Et toi, Marguerite, que veux-tu?

Mme Dupont : Moi, je prendrai du consommé.

M. Dupont : Bien, moi aussi. Et toi, Anne?

Anne : Puis-je prendre de la crème aux asperges? Ou dois-je

prendre le melon glacé ou le consommé?

M. DUPONT :   Mais non, ma petite. C'est comme tu voudras. La crème aux asperges? C'est ce que tu veux?

ANNE :   S'il te plaît, papa.

M. DUPONT :   Eh bien, voilà! Garçon! Un melon, deux consommés, une crème aux asperges.

MARCEL :   Tout de suite, monsieur! J'arrive!

(Mais Marcel ne peut pas arriver tout de suite. Un client difficile commande, et Marcel doit attendre.)

LE CLIENT :   Qu'est-ce que vous recommandez aujourd'hui, Marcel? Le consommé, les hors-d'œuvre, la soupe, les fruits? Qu'est-ce qu'il faut prendre?

MARCEL :   Monsieur aime les hors-d'œuvre.

LE CLIENT :   Oui, mais j'en ai pris hier. Le melon, peut-être? Non, pas ça ... il faut que je surveille mon poids et le melon ... ce n'est pas recommandé pour le régime.

M. DUPONT (qui commence à perdre patience): Ce garçon ne vient pas? Tu veux partir, ma mie?

MME DUPONT :   Mais non, ce n'est pas la peine. Il viendra.

MARCEL (à l'autre client):   Eh bien, monsieur, je reviendrai, si vous permettez? Vous êtes un de mes habitués, mais je vois des clients qui s'impatientent un peu.

LE CLIENT :   Mais non, restez. Jai déjà choisi ... le consommé.... Mais j'ai changé d'avis ... le melon, après tout. Et pourquoi pas des hors-d'œuvre?

MARCEL (d'un ton ferme):   Monsieur prendra le melon?

LE CLIENT :   Non, je prends les hors-d'œuvre.

MARCEL :   Bien, monsieur. Merci, monsieur.

(Il soupire, et s'éloigne bien vite. Il s'approche de la famille Dupont.)

Monsieur et Madame, vous avez choisi? Vous voulez commander?

M. DUPONT :   Oui. Il nous faut pour commencer un melon,

deux consommés, et une crème aux asperges.

MARCEL : Bien, monsieur. Et que prendrez-vous ensuite? Le rôti, ou du poisson?

MME DUPONT : Mes enfants, que voulez-vous prendre? Anne? (lui donnant la carte du jour.)

ANNE : Une omelette, s'il te plaît, maman.

MARCEL : Une omelette nature, mademoiselle? Au jambon, aux fines herbes?

ANNE : Aux fines herbes, s'il vous plaît.

MARCEL (écrivant) : Bien, une omelette aux fines herbes.

MME DUPONT : Et toi, Jean? Tu as déjà choisi?

JEAN : Moi, je voudrais prendre du poulet, s'il vous plaît.

MARCEL : Un poulet pour monsieur. Poulet au riz ou poulet à la crème?

JEAN : Au riz, s'il vous plaît.

MARCEL (écrivant) : Un poulet au riz. Bien, et pour Madame et Monsieur?

MME DUPONT : Moi, je prends du poisson. Voyons—le saumon, s'il vous plaît.

MARCEL : Merci, madame. Du saumon au beurre. Et pour Monsieur?

M. DUPONT : Pour moi, l'agneau rôti.

MARCEL : Et pour les légumes, monsieur?

M. DUPONT : (à sa femme) : Eh bien, chérie, quels légumes?

MME DUPONT : Les pommes de terre sautées et mousseline, s'il vous plaît, des petits pois, et des carottes.

MARCEL : Aujourd'hui, madame, nous avons de bonnes pommes de terre en robe de chambre.

MME DUPONT : Merci, mais nous préférons les pommes mousseline et aussi sautées.

MARCEL : Merci, madame. (écrivant) Des pommes sautées et mousseline, des petits pois et des carottes.

MME DUPONT : Oui, et nous prendrons aussi la salade, s'il vous plaît.

MARCEL: Et comme boisson, monsieur?

M. DUPONT: Un carafon de vin blanc. Une carafe de vin rouge. Vous avez du Mâcon rouge?

MARCEL: Pas en carafe, monsieur. Nous n'avons le Mâcon qu'en bouteilles cachetées.

M. DUPONT: Eh bien, tant pis! Du vin rouge, alors, en carafe.

ANNE: Est-ce que moi, je pourrais boire un jus de fruit, papa?

MME DUPONT: Avec ton dîner, ma petite? Tu n'auras pas mal au cœur?

ANNE: Mais pas du tout, Maman. Le jus d'orange—ça va très bien avec une omelette.

MME DUPONT: Oui, ma petite, tu as raison—ou du moins, je l'espère!

MARCEL: Eh bien, je vais tout de suite chercher les hors-d'œuvre.

(*Cris partout des autres clients—'Garçon!' 'S'il vous plaît, garçon!'*)

J'arrive! Tout de suite, madame! Oui, monsieur! Un moment, s'il vous plaît! Un instant, monsieur!

M. DUPONT: Il me semble qu'il n'y a pas beaucoup de garçons dans ce restaurant.

MME DUPONT: C'est peut-être parce que la saison estivale n'a pas encore débuté.

M. DUPONT: Oui, peut-être.

(*A ce moment, Anne fait un mouvement un peu brusque, et fait tomber sa fourchette. Jean se penche et la ramasse.*)

JEAN: Voilà, Anne.

MME DUPONT: Qu'est-ce qui est arrivé, Anne?

ANNE: Je ne sais pas, maman. C'est la fourchette. Elle est tombée.

Mme Dupont : Oh, il faut en demander une autre. Ne t'en
sers pas, ma petite. Elle est tombée sur le plancher, et bien
que le plancher soit propre, fort propre, il vaut mieux
quand même en demander une autre.

(*A ce moment, Marcel revient avec le melon, les consommés
et la soupe, mais il n'a pas encore apporté les hors-d'œuvre
pour son client régulier, et un autre garçon apporte les
boissons.*)

Marcel : Voilà, monsieur, le melon, c'est pour Monsieur?

M. Dupont : Non, c'est pour mon fils, et la crème aux
asperges pour ma fille.

Marcel : Bon. Merci, monsieur. Voilà, mademoiselle.

Anne : Merci.

Le Deuxième Client : Garçon!

Marcel (à Monsieur Dupont) : C'est tout, monsieur? Vous
désirez autre chose?

M. Dupont : Mais non, ça va très bien, merci.

Le Deuxième Client : Garçon!

Marcel (au client) : Tout de suite, monsieur!

(*Il s'approche du client.*)

Monsieur veut commander?

Le 2e Client : Bien sûr, je veux commander, et aussi vite
que possible, s'il vous plaît. J'ai très peu de temps. Je suis
pressé.

Marcel : Bien. Monsieur sera servi immédiatement.

Le 2e Client : Les hors-d'œuvre variés, du bœuf rôti avec
des pommes frites et du chou-fleur.

Marcel : Je regrette, monsieur, le bœuf rôti—il n'y en a
plus. Le veau peut-être?

Le 2e Client : Oui, ça va.

Marcel : Et comme dessert, monsieur?

LE 2e CLIENT : Je mangerai des fruits et un peu de fromage. Ce sera plus vite fait.

MARCEL : Monsieur désire quelque chose à boire?

LE 2e CLIENT : Oui, un pichet de vin rouge, s'il vous plaît.

MARCEL : Merci, monsieur.

(Marcel revient très vite avec une table roulante, sur laquelle sont les hors-d'œuvre variés.)

LE 2e CLIENT : Je prends d'abord une sardine, des œufs, de la salade niçoise, et un petit peu de tomates, s'il vous plaît.

MARCEL : Bien, monsieur. Pas de céléri?

LE 2e CLIENT : Non merci.

MARCEL : Bien, monsieur.

(Un troisième client entre en scène et prend sa place. Marcel se dirige tout de suite vers sa table.)

Bonjour, monsieur.

LE TROISIÈME CLIENT : Bonjour, Marcel. Apportez-moi un café filtre, s'il vous plaît.

MARCEL : Oui, monsieur. Tout de suite.

M. DUPONT : (à sa femme) : Tu vas chercher aujourd'hui les livres que tu as commandés?

MME DUPONT : Oui. Le libraire m'a dit de revenir aujourd'hui. Ils doivent être là.

M. DUPONT : Ça, c'est bien vite.

JEAN : De quel livre s'agit-il, maman?

MME DUPONT : Il y en a deux—une histoire de la seconde guerre mondiale, qui va paraître toutes les quinzaines, et une biographie de Lubova.

ANNE : Tu admires bien Lubova, maman. Quand on a présenté à la télévision un film où l'on voyait Lubova, tu es restée devant le téléviseur jusqu'à minuit! Et moi, j'ai dû aller me coucher!

MME DUPONT: Mais moi, ma petite, je n'ai pas besoin d'autant de sommeil que toi. Moi, je ne suis pas obligée d'étudier le lendemain.

JEAN: Tout de même, maman, tu as des choses à faire. Tu ne paresses pas toute la journée!

MME DUPONT: Bien sûr, j'ai des choses à faire.

(A ce moment, Marcel vient débarrasser la table, donner le rôti à Monsieur Dupont et les autres choses aux enfants et à Madame Dupont.)

Anne, vois-tu ce joli manteau? Quelle mode! Oh, que c'est chic!

ANNE: Où? Je ne le vois pas.

MME DUPONT: Là! La dame qui est à gauche et qui promène son caniche.

ANNE: Je ne la vois pas.

MME DUPONT: Là! Là!

ANNE: Ah, oui. Le manteau est joli, mais la couleur n'est pas à mon goût. Moi, je préfère le mien. J'aime le rouge!

LE 3e CLIENT: Marcel!

MARCEL: Monsieur!

LE 3e CLIENT: Vous avez des croissants, s'il vous plaît.

MARCEL: Oui, monsieur. Avec du beurre?

LE 3e CLIENT: Pas de beurre, merci. Seulement les croissants.

(Marcel va à une autre table, et revient, un plat de croissants à la main.)

MARCEL: Voilà, monsieur.

LE 3e CLIENT: Merci.

JEAN: Oh, papa, regarde cette belle moto—elle est sensass!

M. DUPONT: Oui, elle est belle. Tu en auras une quand tu auras dix-huit ans—pas avant.

JEAN: Mais, papa, j'ai déjà seize ans et demi.

M. Dupont : Alors tu as très peu de temps à attendre !

Jean : Un an et demi, c'est un peu long. Tu ne crois pas?

Mme Dupont : Mange ton dîner, Jean. Ça refroidit.

(Pendant quelque temps on mange sans rien dire.)

Anne : Vas-tu ce soir au Club des Jeunes, Jean?

Jean : Non, j'ai promis de rester chez nous. Il commencera à se faire tard quand nous rentrerons.

(Marcel revient. Il enlève les assiettes.)

Marcel : Qu'est-ce que vous prenez comme dessert, monsieur?

M. Dupont : Un fruit, et un peu de fromage, s'il vous plaît.

(Marcel s'en va chercher les fruits.)

(à Anne) : Tu as bien dîné, ma petite?

Anne : Fort bien, merci, papa.

(Marcel revient avec une corbeille de fruits qu'il met sur la table, et un plateau, garni de divers fromages.)

Mme Dupont : Je prends un petit peu de Camembert, s'il vous plaît.

M. Dupont : Et moi un petit suisse.

Anne : Moi, je ne prends pas de fromage, merci.

Jean : Ni moi non plus. Je vais manger une orange.

Anne : Et moi une banane—et des raisins. Papa, puis-je prendre aussi des raisins?

M. Dupont : Mais cela va sans dire, ma petite. Bien sûr, tu peux en prendre.

(Ils continuent à manger.)

Eh bien, vous avez fini, tous? Il faut rentrer chez nous. Garçon, l'addition, s'il vous plaît.

(Marcel s'approche de la table, donne l'addition à Monsieur Dupont, qui, quoiqu'il y ait un quinze pour cent pour le service, donne en sus quelques francs à Marcel.)

MARCEL : Merci, monsieur. Merci beaucoup. Je vais chercher votre pardessus.

M. DUPONT : (à sa femme) : Crois-tu que nous puissions être de retour à temps pour voir le programme des sports à la télévision?

MME DUPONT : Je crois que oui. A quelle heure commence-t-il? A dix heures ou à dix heures et quart?

M. DUPONT : A dix heures. Il faut nous dépêcher.

(Marcel revient, et aide Monsieur Dupont à mettre son pardessus.)

Merci, merci bien. Vous êtes prêts à partir, tous? (à Marcel) : Au revoir.

MARCEL : Merci encore, monsieur. Au revoir, monsieur, madame.

(Monsieur Dupont va à gauche, à la caisse, pour payer l'addition. Les autres le suivent.)

RIDEAU

MONSIEUR LEBLANC EST HOSPITALISÉ!

PERSONNAGES:
Monsieur Leblanc
Sa femme, Madame Leblanc
Ses deux enfants, Roger et Catherine
Une infirmière
La surveillante
Un médecin-spécialiste

Scène I

Quand le rideau se lève, Monsieur Leblanc est au lit dans une salle à l'hôpital. Il est malade depuis quelques jours. Une infirmière est à côté de son lit.

M. LEBLANC: Aïe! Je me sens mal.

L'INFIRMIÈRE: Où souffrez-vous, monsieur?

M. LEBLANC: C'est ma jambe—à vrai dire, mes deux jambes—que la douleur est violente! Elles me font mal. Et j'ai aussi mal à la tête.

L'INFIRMIÈRE: Je vais vous mettre un oreiller sous les genoux. Ça vous soulagera beaucoup. Et dans quelques instants je vous apporterai une tisane de tilleul. Ça soulagera la migraine.

M. LEBLANC: Merci, mademoiselle. Que vous êtes gentille!

L'INFIRMIÈRE: Oh, pas gentille, monsieur! Je fais ce que je peux pour aider mes malades. Vous serez bientôt tout à fait remis, vous savez. J'en suis sûre. Vous avez meilleure mine aujourd'hui.

M. LEBLANC: Vraiment? Et je me sens si mal! Je me sens faible!

L'Infirmière : Vous allez pourtant beaucoup mieux.

(*Elle met le thermomètre entre les lèvres de Monsieur Leblanc, et en même temps elle lui tâte le pouls.*)

Oui. Le pouls est moins rapide. Ça va mieux—et votre température est normale. (Elle retire le thermomètre et le regarde en parlant.) Maintenant je vais chercher votre tisane.

(*Elle s'en va. M. Leblanc se repose, mais il ne dort pas. Une surveillante entre en scène.*)

La Surveillante : Bonjour, monsieur. Comment ça va aujourd'hui?

M. Leblanc : Bonjour, mademoiselle. Je ne me sens pas bien, mais l'infirmière me dit que je vais mieux.

(*La surveillante met la main sur le front de M. Leblanc.*)

La Surveillante : Oui, vous avez un peu mal à la tête, peut-être? Votre front est un peu chaud.

M. Leblanc : J'ai une fort mauvaise migraine, mais l'infirmière est allée chercher une tisane.

La Surveillante : Bien, je vous quitte. Je suggère que vous ne lisiez pas le journal, monsieur. Je le vois à côté de vous. Il vaut mieux vous reposer, n'est-ce pas?

M. Leblanc : Oui, je ne peux pas lire à présent. Mes yeux me font mal.

La Surveillante : Eh bien, Monsieur Leroy viendra vous voir plus tard. Dites-lui que vous avez mal à la tête.

M. Leblanc : Oui, mademoiselle. Je le lui dirai.

(*L'infirmière revient, une tasse à la main.*)

La Surveillante : Ah, vous avez apporté une tisane pour Monsieur. Ça, c'est bien. Après cela, il dormira jusqu'à midi peut-être. Puis, le déjeuner, et ensuite les visites.

M. Leblanc : C'est aujourd'hui jour de visites?

LA SURVEILLANTE : Mais oui, bien sûr. Cet après-midi, votre femme et vos enfants viendront vous voir.

M. LEBLANC : Tant mieux. Quoi que cet hôpital soit agréable en tant qu'hôpital, on n'est pas exactement chez soi.

LA SURVEILLANTE : Bien entendu. Vous verrez, Madame Leblanc sera là vers trois heures, et l'on peut rester jusqu'à quatre heures et demie. Moi, je dois m'en aller. J'ai beaucoup de choses à faire. Au revoir, monsieur.

M. LEBLANC : Au revoir, mademoiselle.

(*A ce moment, la surveillante en sortant laisse le passage au médecin, qui s'approche du lit de M. Leblanc.*)

RIDEAU

Scène II

LE MÉDECIN : Bonjour, monsieur. Comment vous portez-vous aujourd'hui ?

M. LEBLANC : Assez bien, merci. Je me sens un peu mieux qu'hier.

LE MÉDECIN : Vous faites des progrès.

(*Il prend les notes que l'infirmière lui montre, et il les lit.*)

Température—normale. Peut-être un petit peu haute. Pouls —normal. Bien.

L'INFIRMIÈRE : Monsieur me dit que ses jambes lui font mal, et qu'il a la migraine, docteur.

LE MÉDECIN : Eh bien, ça passera. Vous allez voir. Ce n'est que la suite de votre maladie, mais c'est un inconvénient qui ne va pas durer longtemps. Si vous pouvez maintenant dormir un peu, je vous assure que vous vous réveillerez sans migraine. Ce n'est que de sommeil que vous avez besoin.

M. Leblanc: Merci, docteur. Eh bien, je vais essayer de dormir.

Le Médecin: Disons plutôt que vous allez dormir tout de suite. Au revoir, monsieur.

M. Leblanc: Au revoir, docteur.

(*L'infirmière accompagne le médecin-spécialiste à la porte. Elle revient arranger les oreillers pour rendre plus confortable la position de M. Leblanc, et elle quitte la salle. Monsieur Leblanc s'endort.*)

RIDEAU

Scène III

L'après-midi. Quand le rideau se lève, M. Leblanc est toujours au lit, mais il est sur son séant. Il attend ses visiteurs. Madame Leblanc entre, accompagnée de l'infirmière.

Mme Leblanc: Oh, mon chéri, comment ça va maintenant? Tu vas mieux? Que je suis contente de te voir!

M. Leblanc: Et moi aussi. Je suis si content de te voir! Tu m'as tellement manqué!

Mme Leblanc: Mais je comprends parfaitement, Albert. Je m'assieds ici, à côté de toi.

M. Leblanc (d'un ton soulagé): Oui, comme ça je peux te voir. Où sont les enfants?

Mme Leblanc: Ils attendent dehors. On nous dit qu'il ne faut que deux personnes à la fois en visite. Les enfants ont donc suggéré que moi je vienne d'abord toute seule, et qu'ils viennent ensemble dans un quart d'heure, pendant que moi, j'attendrai dans le corridor.

M. Leblanc: Dans un quart d'heure? Ma foi, c'est très discret de leur part de nous laisser seuls, mais en même temps ils semblent un peu impatients, n'est-ce pas? Un quart d'heure, ce n'est pas long pour me dire tout ce qui arrive chez nous, et pour que moi, je puisse te regarder. Comme je t'ai déjà dit—tu me manques, tu sais!

MME LEBLANC: Mon pauvre Albert! Mais après le deuxième quart d'heure je vais revenir, et ainsi de suite pendant les heures de visite. Comme ça la conversation que nous entamons maintenant se fera par épisodes.

M. LEBLANC: Ah bien alors, dans ce cas là! Alors, ma chérie, est-ce que tout va bien chez nous?

MME LEBLANC: Oui, bien sûr. Marie a été un peu déçue que tu ne fusses pas revenu à l'appartement après deux jours. Elle a été un peu grincheuse. Elle a grommelé un peu. Mais maintenant tout va bien—la tranquillité et la paix règnent à nouveau.

M. LEBLANC: J'en suis content. Marie n'est plus seulement une domestique. C'est un véritable membre de la famille! Tant mieux! Et Roger, est-ce qu'il a obtenu de meilleures notes au lycée ces derniers jours?

MME LEBLANC: Je crois que oui. Il a fait une dissertation sur Corneille qui a été très appréciée par ses camarades qui ont même applaudi quand on l'a lue. Peut-être pourras-tu le féliciter? Ça lui ferait plaisir. Mais, mon ami, est-ce que toi, tu vas vraiment mieux? Quand reviendras-tu à la maison?

M. LEBLANC: Je n'en sais rien. Tu sais qu'on ne dit jamais rien ici! Ils sont très gentils—tout le personnel—les médecins-spécialistes, les infirmières, et aussi la surveillante. Elle est un peu sévère, mais elle est tout de même bienveillante.

MME LEBLANC (regardant sa montre): C'est très bien. Mais maintenant, Albert, je dois sortir, et les enfants viendront. Tu te rappelleras de féliciter Roger, n'est-ce pas?

M. LEBLANC: Oui. Sa dissertation, c'était sur Molière, as-tu dit?

MME LEBLANC: Mais non, Albert—Corneille. Et à propos, Catherine travaille fort. Elle aussi, elle veut réussir. Elle ne sort plus s'amuser depuis ton départ. Elle fait ses devoirs tous les soirs. Je crois qu'elle s'inquiète à cause de toi, et c'est une façon d'oublier ses inquiétudes. Maintenant, je m'en vais, mais je reviendrai dans un quart d'heure.

(Elle sort. M. Leblanc attend, et bientôt les deux enfants entrent.)

ROGER: Bonjour, papa. Tu vas mieux, à ce que maman nous a dit.

CATHERINE: Bonjour, papa. Voici des fleurs, et des livres, et des raisins, tous pour toi.

M. LEBLANC: Merci, merci, ma chère petite, merci beaucoup.

CATHERINE: Ça ne vient pas tout de moi, tu sais. Ça vient de toute la famille, même de Marie, qui ne fait plus la cuisine volontiers depuis que tu n'es plus à la maison. Elle dit que nous autres, nous ne savons pas apprécier la bonne cuisine.

(Elle rit.)

ROGER: Mais, papa, quand reviendras-tu? Tu vas mieux, n'est-ce pas? Tu n'es pas complètement remis?

M. LEBLANC: Pas tout à fait. Mais quelles nouvelles avez-vous?

ROGER: Pas grand'chose. Il n'y a rien de neuf.

M. LEBLANC: Rien? Rien n'arrive au lycée?

(Roger sourit.)

Ah! Tu souris! Il y a quelque chose. As-tu reçu de mauvaises notes?

ROGER (embarrassé): Mais non, papa. Au contraire.

M. LEBLANC: Je te taquine, Roger, mon cher fils. Je te

félicite. Maman me dit que tu as fait une bonne dissertation en classe sur Corneille.

CATHERINE : Oui, et on a applaudi, n'est-ce pas?

ROGER : Oui. Merci de tes félicitations, papa. Tu sais qu'autrefois je n'aimais pas beaucoup Corneille, mais il me semble que je n'avais pas étudié ses textes d'assez près.

CATHERINE : Moi, j'aime les œuvres de Corneille, mais je préfère quand même Molière. Mais, mon pauvre papa, nous sommes ici pour te distraire, et nous causons de littérature! (Regardant sa montre.) Et Maman attend. Je vais la remplacer dans le corridor, papa, et puis je reviendrai après pour te dire 'Au revoir'! Roger, tu peux rester, n'est-ce pas, papa? Cela t'est égal si Roger reste ici en même temps que Maman?

M. LEBLANC : Bien sûr, ma petite.

CATHERINE : Eh bien, je m'en vais, moi.

(*Catherine sort, et Madame Leblanc rentre.*)

MME LEBLANC : J'ai de bonnes nouvelles, Albert. Pendant que j'attendais, la surveillante est passée devant moi, et j'ai osé lui demander si elle avait idée de la date de ton retour. Elle m'a dit qu'elle venait de la demander au spécialiste, et il a répondu que tu pourrais revenir chez nous dans deux jours. Tu vas tellement mieux. Tu n'as plus besoin que de repos. Moi, j'en suis si contente! Je suis convaincue que tu guériras rapidement au sein de ta famille!

M. LEBLANC : Oh oui, être chez moi, c'est ce qui me fera le plus de bien.

ROGER : L'appartement nous semble tellement changé sans toi, papa. Ce sera beaucoup plus gai chez nous quand tu seras revenu.

(*A ce moment, une cloche sonne.*)

Oh! C'est la première cloche! On nous avertit qu'il faut

partir. Eh bien, papa, à bientôt. J'attendrai ton retour.

(*Il serre la main à Monsieur Leblanc, qui sourit.*)

Au revoir, papa.

M. LEBLANC: Au revoir, mon fils.

(*Roger sort et Catherine rentre.*)

CATHERINE: Je viens te dire au revoir, papa. Mais j'espère que tu seras très vite complètement remis.

M. LEBLANC: Ah, tu ne sais pas, ma petite. On a dit que je pourrai revenir chez nous dans deux jours!

CATHERINE (poussant un cri de joie): Papa! Oh! Que c'est bien! Sensass! A jeudi, alors!

(*Elle sort joyeusement.*)

MME LEBLANC: Les enfants sont heureux, vois-tu. Eh bien, mon chéri, repose-toi bien. Je vais voir la surveillante avant de partir pour savoir l'heure exacte de ton départ. Je viendrai te chercher jeudi.

(*La cloche sonne encore une fois.*)

Oh! Je dois partir.

(*L'infirmière entre, une tasse de thé à la main.*)

L'INFIRMIÈRE: Ah, madame! La tasse de thé c'est pour monsieur, mais il y en a pour vous aussi, si vous allez dans la troisième salle à droite en sortant d'ici. Vous verrez; la porte est ouverte. Il y a pas mal de monde, mais vous serez la bienvenue.

MME LEBLANC: Merci, mademoiselle. Vous êtes bien gentille.

(A son mari): Au revoir, Albert. A jeudi alors!

RIDEAU

ON EST PRÊT?

PERSONNAGES:

Madame Lenoir
Yves, 14 ans, lycéen
Marcel, 19 ans, étudiant } ses fils
Claudette, 16 ans, qui fréquente un lycée
Andrée, 7 ans, qui fréquente une école primaire } ses filles
Elise, la bonne

Scène I

Le rideau se lève. Madame Lenoir est assise à table. Elle coud un bouton à la manche d'une chemise. De temps en temps elle regarde la pendule sur la cheminée. La fenêtre est à droite, la porte à gauche. Sur un canapé à l'avant-scène, des livres, un journal et une gibecière.

MME LENOIR (criant): Yves! Marcel! Avez-vous fini dans la salle de bains? Dépêchez-vous!

YVES (criant dans les coulisses): Oui, maman.

MARCEL (criant dans les coulisses): Non, maman, je dois me raser.

MME LENOIR: Eh bien, dépêche-toi. Il est tard.

MARCEL: Oui, maman. Dix minutes.

(*Claudette entre en scène. Elle porte son manteau.*)

CLAUDETTE: Maman, as-tu vu mon carnet?

MME LENOIR: Quel carnet, mon enfant?

CLAUDETTE: Un petit carnet bleu. C'est mon vocabulaire anglais, et c'est aujourd'hui notre leçon.

MME LENOIR: Non, je ne l'ai pas vu.

CLAUDETTE: Que vais-je faire? Il faut que je jette un coup d'œil sur les mots que j'ai dû apprendre hier soir—sinon, j'aurai une mauvaise note.

MME LENOIR: Attends un petit moment que je coupe le fil. (Coupant le fil): Voilà. Je vais t'aider.

CLAUDETTE: Merci, maman.

MME LENOIR: Est-ce que tu ne l'aurais pas laissé dans ta chambre à coucher?

CLAUDETTE: Mais non. Je l'y ai déjà cherché Il n'est pas là, je t'assure.

MME LENOIR: Tu l'auras peut-être mis dans un tiroir?

CLAUDETTE: Je ne le mets jamais dans le tiroir. Oh! Que faire?

(En parlant, elle cherche sous les livres, sous le journal, et dans la gibecière.)

MME LENOIR: Est-ce que tu n'as pas appris les mots hier soir? Peut-être pourrais-je trouver le carnet pendant la journée. C'est un cahier ou un carnet?

CLAUDETTE: Un carnet, maman. Je crois avoir bien appris tous les mots, mais c'est tout de même agaçant d'avoir perdu le vocabulaire.

MME LENOIR: Eh bien, tu dois partir, n'est-ce pas? As-tu oublié que tu as promis d'accompagner Andrée aujourd' hui? Il est déjà tard. Tu sais qu'elle doit être à l'école à huit heures et quart. Ça te donne juste assez de temps pour aller de là au lycée. Tu veux être à l'heure, n'est-ce pas?

CLAUDETTE: Oui, mais je ne vois pas mon carnet! Oh! tant pis! Je devrais me débrouiller.

MME LENOIR: Je chercherai encore une fois, et je suis absolument sûre de le trouver.

CLAUDETTE: Assurément. Il est dans la maison. Je ne suis

pas sortie hier soir. Il doit être ici quelque part. Eh bien,
je pars. Andrée est prête?

MME LENOIR :   Oui, Claudette.

(*Elle va à la cheminée et sonne. Elise entre avec Andrée.*)

ELISE :   Vous avez besoin de moi, madame?

MME LENOIR :   Andrée est-elle prête?

ELISE :   Certainement, madame. Nous ne faisons jamais
attendre Mademoiselle Claudette. Andrée, sois gentille ce
matin, n'est-ce pas?

(*Elle embrasse Andrée, qui se dirige ensuite vers Claudette.
Cette dernière lui tend la main.*)

CLAUDETTE :   Viens, Andrée, viens avec moi.

(*Elles sortent toutes les deux.*)

ELISE :   Qu'elle est mignonne, la petite, n'est-ce pas,
madame?

MME LENOIR :   Oui, elle est gentille. Merci de l'avoir aidée
à se préparer aujourd'hui, Elise. Sans cela, elle n'aurait pas
été prête à temps.

RIDEAU

Scène II

Yves entre en scène, à gauche.

YVES :   Ah! Elise! Hier tu as nettoyé ma chambre à coucher,
je crois. Eh bien, je ne trouve plus ma cravate bleue, et je
veux la mettre aujourd'hui.

ELISE :   Eh bien, je vais voir. Elle doit être là. Peut-être
l'ai-je mise dans un tiroir.

YVES (d'un ton ironique) :   Peut-être. Mais dépêche-toi, n'est-ce pas? Il est déjà huit heures vingt, et même à bicyclette je n'ai pas beaucoup de temps.

Mme Lenoir :   Et tu ne veux pas porter une autre cravate, mon fils?

Yves :   Non, c'est la bleue que je préfère.

Mme Lenoir :   Elise, va la chercher, s'il te plaît. Yves ne sera pas content s'il ne la porte pas. C'est la bleue qu'il préfère.

Elise :   Oui, madame. Tout de suite, madame.

(Elle sort.)

Mme Lenoir (à Yves) :   Je crois qu'il fait froid aujourd'hui. Il faut mettre ton pardessus.

Yves :   Oui, maman. Moi aussi, je le crois.

Mme Lenoir :   Est-ce que tu vas revenir pour le déjeuner, ou est-ce que tu vas rester au lycée aujourd'hui?

Yves :   Aujourd'hui je vais y rester. Tous les membres de l'équipe de football vont rester aujourd'hui, et après le déjeuner nous devons choisir un nouveau capitaine, puisque Lerand est parti.

Mme Lenoir :   Il est déjà parti? Je croyais que le bateau n'allait partir que le seize du mois?

Yves :   Oui. Ça, c'est vrai, mais on a dit qu'il pourrait avoir un congé de quelques jours avant de partir, pour faire ses préparatifs, parce que pour aller à la Nouvelle-Zélande, c'est un long voyage. Il y restera une année, et il aura donc besoin de beaucoup de bagages.

(Elise rentre, une cravate à la main.)

Ah, merci! Ma cravate bleue, Elise! Merci mille fois.

Elise :   De rien, monsieur.

(Elle sort. Madame Lenoir va à la fenêtre.)

MME LENOIR :　Yves, tu ne prends pas ton pardessus. Il y a du vent aujourd'hui, et je pense qu'il fait froid. Il vaut mieux le prendre. Ne crois-tu pas?

YVES :　Oui, maman, d'accord. Je vais le chercher.

(Il sort. Mme Lenoir va encore une fois regarder par la fenêtre. Yves rentre après quelques instants. Il porte son pardessus.)

MME LENOIR :　Ah! Ça va mieux, mon fils. Il ne faut pas attraper un rhume!

YVES :　Tu as raison, maman! Au revoir! A cinq heures!

(Il sort.)

RIDEAU

Scène III

Quand le rideau se lève, Mme Lenoir est en train de mettre les journaux en ordre. Marcel entre.

MARCEL :　Maman, as-tu vu mon stylo? Je ne peux pas le trouver. Je croyais l'avoir laissé dans ma chambre, mais je ne l'y vois nulle part.

MME LENOIR (souriant) :　Ça ne veut pas dire qu'il n'y est pas mon fils.

MARCEL (en riant) :　Bien sûr que non. Il peut y être mais moi, je ne le vois pas.

MME LENOIR :　Je vais le chercher. Où t'en es-tu servi la dernière fois?

MARCEL :　Dans ma chambre. J'ai fait mes devoirs hier soir, et il va sans dire que j'ai dû écrire avec mon stylo.

MME LENOIR :　Eh bien, moi, je vais le chercher. Reste ici. n'est-ce pas? Tu n'es pas pressé?

MARCEL : Non, j'ai le temps. Il y aura une conférence à dix heures. Je dois y assister, mais je veux être à l'Université à neuf heures pour chercher à la bibliothèque les livres dont j'ai besoin. Ça prend longtemps, tu sais. Les bibliothécaires ont beaucoup de travail, et il y a bien du monde, beaucoup beaucoup d'étudiants.

MME LENOIR : Je reviens sous peu.

(*Elle sort.*)

RIDEAU

Scène IV

Marcel est assis sur le canapé. Il ramasse le journal, et il voit son stylo sous le journal. Il va à la porte et l'ouvre.

MARCEL (criant à la cantonade) : Maman, ne te dérange pas! Je l'ai trouvé!

(*Mme Lenoir rentre.*)

MME LENOIR : Où était-il?

MARCEL : Ici, maman, sous le journal. Je me rappelle maintenant—j'avais oublié—après être descendu dans le salon hier soir j'ai fait les mots croisés dans le journal. Et j'avais tellement sommeil que je suis allé me coucher après cela! J'ai dû laisser mon stylo sur le canapé.

MME LENOIR : Peu importe, mon fils. Je suis contente que tu l'aies trouvé. Tu vas partir tout de suite, ou est-ce que tu veux prendre une tasse de café avec moi? J'en prends généralement une vers cette heure-ci.

MARCEL : Merci, maman. J'aimerais bien en prendre.

(*Mme Lenoir sonne, et Elise entre.*)

MME LENOIR :   Elise, veux-tu apporter une deuxième tasse pour Marcel, s'il te plaît.

ELISE :   Oui, madame, tout de suite.

(Elle sort, et rentre avec un plateau, sur lequel se trouvent deux tasses, une cafetière, un pot de lait et du sucre.)

MME LENOIR (en versant le café) :   Tu vas en motocyclette aujourd'hui?

MARCEL :   Mais oui, bien sûr.

MME LENOIR :   Tu iras très doucement, n'est-ce pas? Pas trop vite.

MARCEL (d'un ton rassurant) :   Mais oui, ma chère petite maman, je ne roulerai pas trop vite.

MME LENOIR :   C'est sur quel sujet, ta conférence ce matin?

MARCEL :   La bactériologie—sujet vaste, mais tout de même intéressant.

MME LENOIR :   Mais de nos jours assez compliqué. Pendant ma jeunesse nous employions le savon et l'eau, et nos maisons étaient assez propres. Aujourd'hui il nous faut des détergents, des lessives aux enzymes, des insecticides, et une multitude de choses pour tuer les insectes et les microbes!

MARCEL :   Bien vrai, maman. C'est le progrès! Et maintenant je pars. Je veux être de bonne heure pour obtenir à la bibliothèque un livre que j'ai envie d'étudier. Au revoir, ma petite mère. A ce soir.

MME LENOIR :   Au revoir, mon fils. Je t'accompagne à la porte.

(Ils sortent tous les deux. Marcel fait passer sa mère devant lui, en se tenant à côté pour qu'elle le précède.)

RIDEAU

Scène V

Madame Lenoir et Elise. (Elles sont déjà en scène.)

Mme Lenoir : Elise, tout le monde est parti. Veux-tu m'accompagner pour faire mes courses?

Elise : Mais ce sera avec un grand plaisir, madame, si vous voulez bien m'attendre un petit peu. Je n'ai pas complètement fini de nettoyer le plancher de la cuisine, et j'ai à cirer le plancher du vestibule.

Mme Lenoir : Je peux certainement t'attendre. Je ne suis pas pressée. J'ai rendez-vous aujourd'hui, mais ce n'est qu'à cinq heures. J'ai promis de prendre le thé avec Madame Bouleau vers cinq heures dans le salon de thé Esteva.

Elise : Esteva? Où ça, madame? Je ne le connais pas.

Mme Lenoir : Tu ne le connais pas? A côté de la Madeleine —à droite de la place—un salon très petit mais chic comme tout—et qui d'ailleurs a toujours de bons gâteaux.

Elise : Eh bien, madame, je me dépêcherai, et je serai prête à partir dans une demi-heure. Est-ce que ça vous convient? Je prends le cabas, moi. Irons-nous au marché?

Mme Lenoir : Mais oui, Elise. Je dois acheter des légumes. Ils sont beaucoup moins chers au marché, et en revenant nous pourrons acheter de la charcuterie et de la viande pour le dîner.

Elise : Oui, madame. Alors, je vais à la cuisine. A bientôt, madame.

(Madame Lenoir s'assied et lit. Quelques instants après, Elise revient, vêtue de son manteau et son chapeau, et portant une paire de gants.)

Mme Lenoir : Déjà prête? Je vais donc mettre mon manteau. Veux-tu faire une liste des choses que je veux acheter? Des pommes de terre, des artichauts, des bananes, des saucissons et du veau.

ELISE (écrivant): Est-ce que vous voulez de la moutarde, madame? Nous n'en avons presque plus.

MME LENOIR: Oui, et du sel. Oh! Et pour faire la sauce— j'ai besoin de farine.

ELISE (écrivant toujours): C'est tout, madame? Nous n'avons qu'un peu de café, et vous m'avez dit de vous rappeler le fromage.

MME LENOIR: C'est vrai. Bien. Mets tout cela. Moi, je vais m'apprêter à sortir. Je dois chercher mon manteau. Attends-moi dans le vestibule, s'il te plaît, Elise. Je serai prête dans cinq minutes. Tu as le cabas?

ELISE: Oui, madame.

(*Elle ouvre la porte. Mme Lenoir sort, suivie d'Elise.*)

RIDEAU

ON VOYAGE PAR LE TRAIN

PERSONNAGES:

Marguerite Duclos
François Duclos, son mari
Henri Duclos, frère de François
Claude ⎫
Olivier ⎬ fils de Marguerite et de François
Jacqueline, leur fille
Le garçon
Le deuxième garçon
Le contrôleur
Le porteur
Une vendeuse

Scène I

A la gare. La salle des pas perdus. Au lever du rideau, Marguerite et François regardent l'indicateur. Les enfants se trouvent à droite de la scène devant un kiosque.

CLAUDE: Maman, puis-je acheter un journal?

MARGUERITE: Oui, pour papa, mais pour toi, il vaut mieux acheter un hebdomadaire quelconque—celui que tu désires.

CLAUDE: Merci, maman. (Il revient au kiosque): Je prends cela et aussi celui-là, madame, s'il vous plaît.

LA VENDEUSE: Merci, monsieur.

FRANÇOIS (s'adressant à un contrôleur): Pardon, monsieur. Où faut-il aller pour prendre le train de Paris, s'il vous plaît?

LE CONTRÔLEUR: Voie numéro deux, monsieur.

FRANÇOIS : Merci, monsieur. (A sa femme) : Viens, ma chérie. Et appelle les petits. Henri a dit qu'il viendrait à la gare. Je ne le vois pas.

MARGUERITE (s'approchant du kiosque) : Venez, mes enfants. C'est le quai numéro deux. (A son mari) Tu as les billets, François? Henri est peut-être sur le quai.

FRANÇOIS : Ça se peut. Oui, j'ai des billets aller retour.

(*Ils sortent tous à droite.*)

RIDEAU

Scène II

Au quai numéro 2. On attend le rapide de Paris, qui va à 150 km. à l'heure. Henri Duclos est déjà sur le quai.

FRANÇOIS (à un porteur) : C'est bien ici le train pour Paris?

LE PORTEUR : Oui, monsieur. C'est ici.

FRANÇOIS : Merci.

LE PORTEUR : De rien, monsieur.

JACQUELINE : Maman, est-ce que nous voyagerons en première ou en deuxième classe?

MARGUERITE : En deuxième, ma petite. Puisque nous sommes cinq, ça vaut la peine.

OLIVIER : Tu n'as pas acheté des billets à prix réduit, Papa?

FRANÇOIS : Mais non, mon fils. Ils ne sont pas valables sur ce train. C'est pour ainsi dire un train de luxe, un rapide. Il y a aussi un wagon-restaurant où nous irons, en route, prendre un repas. Ah! Voilà Henri! (A sa femme) Tu avais donc raison!

HENRI : Vous voilà, tout le monde! Comment ça va ce matin?

FRANÇOIS : Très bien, merci. Merci d'être venu.

HENRI : C'est un grand plaisir. Je voudrais vous souhaiter 'Bonnes vacances!'

FRANÇOIS : Merci, Henri.

JACQUELINE : A quelle heure arriverons-nous à Paris?

FRANÇOIS : Vers cinq heures.

OLIVIER : Tant mieux. Il ne fera pas nuit.

MARGUERITE : J'espère qu'il ne pleuvra pas. Le ciel est couvert.

FRANÇOIS : Je crois que non. Les nuages sont assez légers, et il n'y a pas de vent.

CLAUDE : Papa, dès l'arrivée du train, quelle valise veux-tu que je prenne? La grande ou la petite? Je voudrais prendre la grande.

OLIVIER : Non, Claude, moi, je prendrai la grande. Toi, tu peux porter la petite.

HENRI : Je vous passerai les bagages par la porte lorsque vous serez installés dans le compartiment.

FRANÇOIS : Merci. Tu es gentil. On verra dès l'arrivée du train.

JACQUELINE : A quelle heure le train arrive-t-il ici, papa?

FRANÇOIS : Dans cinq minutes, et il y aura un arrêt de dix minutes.

OLIVIER : Dix minutes, c'est assez long, n'est-ce pas?

FRANÇOIS (d'un ton fier) : Oui, mais c'est que nous, nous habitons une ville assez importante, mon fils.

JACQUELINE : Avons-nous des places retenues, Papa?

FRANÇOIS : Oui, Jacqueline, côté fenêtre deux coins, deux places de face et trois dans le sens contraire de la marche.

CLAUDE : Est-ce que l'hôtel sera loin de la gare à Paris, Papa?

FRANÇOIS : Non, Claude, assez près, mais nous allons tout de même prendre un taxi. Ça en vaut la peine.

(A ce moment, on entend le bruit d'un train. Olivier prend la grande valise et Claude la petite. Madame Duclos se tient près de Jacqueline.)

FRANÇOIS: Il arrive à l'heure! Très bien!

HENRI: Eh bien, montez, tous. Bonnes vacances! Bon voyage! Au revoir, et écris-moi, n'est-ce pas?

FRANÇOIS: Bien sûr. Merci. Merci encore d'être venu. Au revoir.

RIDEAU

Scène III

Dans le compartiment du train. M. Duclos cherche les places, tandis que ses deux fils mettent les bagages dans le filet.

CLAUDE: Maman, veux-tu que je monte la glace?

MARGUERITE: Mais non, Claude. Moi, j'ai chaud. Tu peux même la baisser un peu. Qu'en penses-tu, mon chéri? Il fait chaud?

(Elle s'assied au coin. Claude s'assied à côté d'elle.)

FRANÇOIS: Mais oui, bien chaud, et les trains sont toujours bien chauffés.

(Il s'assied.)

JACQUELINE: On peut fermer le chauffage, papa.

FRANÇOIS: Non, ma petite, laisse-le.

(Jacqueline s'assied.)

MARGUERITE: C'est un compartiment non-fumeurs, François. Ça t'est égal?

FRANÇOIS: Oui, je l'ai choisi exprès. Je croyais que ce serait plus agréable. Si moi, je veux fumer, je peux aller dans le couloir.

MARGUERITE: C'est vrai. Claude, tu as ton hebdomadaire?

CLAUDE: Oui, maman.

MARGUERITE: Jacqueline, tu veux t'installer près de la fenêtre?

JACQUELINE: Non maman, merci bien. Je me trouve bien ici.

MARGUERITE: Eh bien, tu peux échanger ta place contre la mienne en route, si tu veux.

JACQUELINE: Merci, maman. Olivier, tu ne vas pas t'asseoir? Viens ici. (Elle indique la place à côté d'elle. Olivier vient s'y asseoir.) Ça va?

OLIVIER: Ça y est, merci.

JACQUELINE (qui regarde par la fenêtre): Oh maman! Regarde!

MARGUERITE: Quoi?

JACQUELINE: Ce beau château! Qu'il est exquis! Magnifique! Et les grands bois qui l'entourent!

MARGUERITE: Ce doit être le château de Beauregard.

FRANÇOIS: Non, c'est le château Beau-site.

JACQUELINE: Ah oui. Oh, maman—les agneaux—si petits! Qu'ils sont mignons! Ils sont si jolis!

OLIVIER: Oui, très jolis quand ils sont petits. Mais ...

JACQUELINE (l'interrompant): Oh! Papa! Les chevaux!

FRANÇOIS: Où?

JACQUELINE: Là! Dans le champ! Non, tu regardes trop près! Plus loin! Là! Oui, c'est ça!

FRANÇOIS: Oui, il y en a beaucoup. Ce doit être soit un manège, soit un champ de repos pour les vieux chevaux.

JACQUELINE: Oh, les pauvres!

MARGUERITE: On prend bien soin des chevaux quand ils sont vieux, tu sais. Il y a une société protectrice qui s'en occupe.

FRANÇOIS (qui est en train de lire son journal): Maman, écoute ceci. (Lit) 'Il y aura ce soir une manifestation joyeuse au village de Prémercy. C'est la fête traditionnelle où l'on bénit les premières récoltes. La cérémonie aura lieu à quatre heures de l'après-midi en présence du maire et du conseil général, suivie d'un repas en plein air sous la présidence de M. Guichard.' Je ne savais pas que Monsieur Guichard s'intéressait à ces choses-là. Nous devons lui écrire.

MARGUERITE: Envoie-lui une dépêche dès notre arrivée à la gare. Il est de nos amis depuis si longtemps—il n'a rien dit de cet événement la dernière fois que nous l'avons vu.

OLIVIER: Non, ni sa femme non plus. Elle ne t'a rien d maman?

MARGUERITE: Non. Peut-être n'y avait-elle pas pensé.

FRANÇOIS: Mais c'est une bonne idée que de lui envoyer une dépêche, Marguerite. Rappelle-le moi, n'est-ce pas? Parce qu'en arrivant à Paris on pourrait l'oublier. Il y a tant de choses à faire—et tant de monde!

OLIVIER: Heureusement que nous n'avons pas cette fois-ci des bagages enregistrés!

CLAUDE: Papa. si tu veux aller au bureau de poste, moi, je m'occuperai des bagages.

OLIVIER: Et si Maman et Jacqueline nous attendent dans la salle d'attente, moi, je pourrai chercher le taxi.

FRANÇOIS: Ça, ce ne sera pas possible. Le taxi n'attendrait pas que Maman et Jacqueline sortent de la gare. Il faut être là, sur place. Mais en tout cas, toutes ces choses s'arrangeront à l'arrivée. En ce moment, il faut chercher le wagon-restaurant. On sert le déjeuner à une heure, je crois.

MARGUERITE: Ne crois-tu pas que nous sommes en avance?

FRANÇOIS: Mais non, il est une heure moins vingt, et le train est assez bondé.

JACQUELINE: Est-ce que nous pouvons laisser les journaux ici, Papa, ou faut-il les prendre avec nous?

FRANÇOIS: Non, tu peux les laisser ici. Alors, on est prêt?

MARGUERITE : Je voudrais me laver les mains.

FRANÇOIS : Cherchons d'abord les places dans le wagon-restaurant, d'accord?

MARGUERITE : Oui. Cela vaut mieux.

(*Ils se lèvent tous, et quittent la scène ensemble.*)

RIDEAU

Scène IV

Dans le wagon-restaurant. Les cinq Duclos entrent en scène
à gauche.

UN GARÇON : C'est pour le déjeuner, monsieur?

FRANÇOIS : Oui, s'il vous plaît.

LE GARÇON : Bien, monsieur. C'est pour combien de personnes?

FRANÇOIS : Cinq. C'est difficile d'être tous à la même table?

LE GARÇON : Mais non, monsieur. Pas du tout. Je vous apporterai une chaise de plus.

FRANÇOIS : Merci.

(*Le garçon apporte la chaise, et les enfants se rangent tous
les trois en face de M. et Mme. Duclos.*)

CLAUDE : Qu'est-ce qu'il faut prendre, papa? A la carte, ou
le menu à prix fixe?

FRANÇOIS : Il n'y a qu'un prix fixe, mon fils, mais il y a un
grand choix de mets. Qu'est-ce que tu as choisi pour commencer, Jacqueline?

JACQUELINE : Le pamplemousse, s'il te plaît, papa.

FRANÇOIS : Et vous, Claude et Olivier?

CLAUDE : De la crème aux asperges.

OLIVIER : Et pour moi le consommé.

FRANÇOIS : Et toi, Maman?

MARGUERITE : Pour moi le pamplemousse, s'il te plaît.

LE GARÇON (revenant à la table): Vous avez choisi, messieurs dames?

FRANÇOIS: Oui, nous voudrions prendre deux pamplemousses, une crème aux asperges, deux consommés, s'il vous plaît.

LE GARÇON: La crème aux asperges, monsieur, je regrette, il n'y en a pas.

FRANÇOIS: Si tôt?

LE GARÇON: Oui, monsieur. C'est une erreur. C'est pour ce soir, pour le dîner. On ne fait pas de soupe pour le déjeuner, sauf le consommé. Voulez-vous prendre des hors-d'œuvre ou le saumon fumé?

CLAUDE: Non, je voudrais prendre aussi le consommé.

LE GARÇON: Très bien, monsieur.

(Le 2e garçon s'approche de la table.)

LE 2e GARÇON: Vous prenez quelque chose à boire, monsieur?

FRANÇOIS: Oui, une bouteille de vin rouge, s'il vous plaît. Que voulez-vous prendre, mes enfants?

JACQUELINE: Pourrais-je avoir un jus de fruits?

LE 2e GARÇON: Oui, mademoiselle. Quel fruit?

JACQUELINE: Qu'est-ce que vous avez?

LE 2e GARÇON: Orange, citron, ananas.

JACQUELINE: Ananas, s'il vous plaît.

FRANÇOIS (à ses fils): Et pour vous?

CLAUDE: De l'eau, s'il vous plaît, papa.

OLIVIER: Pour moi aussi.

LE 2e GARÇON: Merci, monsieur.

(Il s'écarte de la table. Le garçon apporte le premier mets, et la famille commence à manger.)

RIDEAU

Scène V

Dans le compartiment. Plus tard.

FRANÇOIS : Ah! J'ai très bien mangé!

MARGUERITE : A vrai dire, on n'a pas chichement mangé.

JACQUELINE : Papa, j'ai trop mangé. J'ai envie de dormir.

CLAUDE : Moi aussi. J'ai sommeil.

OLIVIER (riant) : Eh bien, dormez tous. Comme ça, moi, je pourrai lire!

FRANÇOIS : Moi aussi, je n'ai pas fini de lire le journal.

MARGUERITE : Mais qu'est-ce que je vois, moi? Des maisons, des villas. François, je crois que nous nous engageons déjà dans les environs de Paris.

FRANÇOIS : Pas possible. Quelle heure est-il? (Regardant sa montre) Mais, ma chérie, tu as raison. Nous serons à la gare dans un quart d'heure.

CLAUDE : Nous quittons la paix et la tranquillité de la campagne. Dans un quart d'heure nous serons entourés de tout le mouvement de Paris, et en même temps du bruit d'une grande ville!

JACQUELINE : Mais quel plaisir! La ville de lumière! Sortirons-nous ce soir, Papa, voir la Place de la Concorde, l'Avenue de la Paix et les grands boulevards?

FRANÇOIS : Pas si vite, mon enfant : nous ne sommes pas encore arrivés! Mais oui, ma petite, ce soir, après nous être installés à l'hôtel, nous sortirons faire une petite promenade. Ce soir, puisque nous aurons besoin de nous reposer un petit peu après le voyage, peut-être n'irons-nous pas très loin. Mais notre hôtel est en plein centre de la ville, et il y a des cafés tout autour. Nous irons y prendre une tasse de café et regarder les gens aller et venir.

CLAUDE : Mais, papa, tu dis que nous devons nous reposer.

Moi, je ne suis pas fatigué!

FRANÇOIS: Ça se peut, mon fils, mais ta mère et moi, nous ne sommes plus si jeunes que ça, et toi aussi, je crois que tu dormiras sur tes deux oreilles.

OLIVIER: Il faut penser à Maman. Tu es fatiguée, maman?

MARGUERITE: Un petit peu, je l'avoue.

JACQUELINE: Nous nous approchons de la gare, papa.

FRANÇOIS: Oui. Prenez les bagages, mes fils.

MARGUERITE: N'oublie pas la dépêche, François.

FRANÇOIS: Merci, merci bien, Marguerite. Il est vrai que je l'avais complètement oubliée, mais je m'en serais souvenu, tu comprends.

MARGUERITE: Bien sûr. Eh bien, tu es prête, Jacqueline? Nous voici arrivés. Fais attention en descendant, Jacqueline.

JACQUELINE: Oui, maman.

MARGUERITE: Papa sortira le premier. Attends, Jacqueline.

(Ils commencent à quitter la scène un à un, à droite.)

JACQUELINE: Nous voici, Paris! Les Duclos sont arrivés!

RIDEAU

LA DISTRIBUTION DES PRIX

Personnages :
Des élèves : Henriette, Cécile, Georgette, Colette, Micheline,
 Marceline Deloyer; d'autres lauréates
 Julie de Vigne
 Marie de Vigne, sa sœur jumelle
Le maire de la ville
Le colonel
Madame Rivière, professeur
La directrice du lycée, Madame Michoux
La mère de Micheline
Madeleine Lepetit, élève qui chante

Scène I

Le rideau se lève sur une salle bondée vue de côté. A gauche une estrade, devant laquelle se trouve une grande quantité de belles fleurs. Aux premiers rangs, les lauréates; derrière elles, les autres élèves du lycée. Derrière elles, les professeurs, puis les invités, parents et amis des familles représentées. Au fond de la scène des fenêtres. La porte de la grande salle est à droite. Les élèves se parlent. Il y a assez de bruit.

Henriette (au premier rang) : Cécile, je suis si contente que tu aies remporté le prix d'histoire!

Cécile : Merci, Henriette. Moi aussi, que ce soit toi qui aies le prix de biologie. (Se tournant vers Georgette, qui se trouve au deuxième rang) : Georgette, tu as une mine détendue! Tu es heureuse! Ta mère doit aller mieux, je pense.

GEORGETTE: Oui, Cécile, c'est vrai. Elle va beaucoup mieux ce soir, merci. Merci bien.

HENRIETTE (se tournant vers Georgette): Tu ne l'as pas laissée seule, j'espère?

GEORGETTE: Certainement pas, Henriette. Ma tante est à côté d'elle jusqu'à mon retour.

(En ce moment, la porte s'ouvre, et tout l'auditoire se tait. Les enfants se lèvent, et les grandes personnes aussi. Le maire de la ville, accompagné d'un visiteur distingué, entre. Derrière eux, la directrice du lycée et la femme du maire, puis d'autres personnes. Ils vont tous à l'estrade et se tiennent devant leurs chaises. L'on chante l'hymne national.)

M. LE MAIRE (qui préside): Messieurs, mesdames, mesde- moiselles. Je vous prie de vous asseoir. Vous êtes les bienvenus à cette cérémonie qui nous donne à tous tant de plaisir. La parole est à Madame le Professeur Rivière, à qui je demande de souhaiter la bienvenue à Monsieur le Colonel, notre distingué visiteur.

(Il s'assied. Tout le monde bat des mains.)

MME RIVIÈRE (se levant): Merci, Monsieur le Maire. C'est pour moi, Monsieur le Colonel, un grand honneur de vous souhaiter de la part de tous la bienvenue dans notre lycée. Nous sommes vivement conscients de ce que vous êtes toujours très occupé, et qu'en nous offrant le plaisir de votre présence ici aujourd'hui parmi nous, vous avez dû sacrifier beaucoup de votre loisir. Nous espérons tout de même que vous trouverez l'après-midi agréable. Nous avons des élèves qui vont remporter des prix, mais notre direct- rice expliquera plus tard que ce ne sont pas les seules qui travaillent bien. C'est qu'elles ont reçu de meilleures notes que leurs camarades de classe. Elles ont naturellement travaillé dur, et elles méritent leur succès. Cependant il s'est passé beaucoup de choses intéressantes dans ce lycée; j'espère bien qu'elles vous seront révélées au cours de l'après-midi, et que vous jugerez, Monsieur le Colonel, que vous n'avez pas perdu votre temps, de par la chaleur de notre accueil.

(*Applaudissements.*)

M. LE MAIRE : Merci, madame. Maintenant, Mesdames et Messieurs, j'ai l'honneur de vous présenter Monsieur le Colonel, et je lui demanderai de vouloir bien répondre à Madame. Tout le monde connaît les détails de votre carrière distinguée, et nous sommes vraiment très heureux que vous soyez ici aujourd'hui pour partager notre joie. Je ne prolonge pas davantage l'attente de tous ceux qui veulent entendre votre discours. Monsieur le Colonel, la parole est à vous.

LE COLONEL : Monsieur le Maire, Mesdames, Mesdemoiselles, Messieurs, je commencerai par vous remercier de ce que vous avez dit et de votre chaleureux accueil, si gracieusement prononcé par Madame Rivière. Il est vrai que mes activités se déroulent pour la plupart dans un milieu différent, mais comme vous le savez, je me suis toujours intéressé à l'éducation, et j'ai beaucoup de plaisir à voir tant de jeunes filles s'y intéresser aussi. Il n'y a pas besoin de vous dire comment le rôle de la femme dans la société s'est développé au cours du siècle où nous sommes, et de nos jours la femme joue un rôle de plus en plus important. Il est donc absolument nécessaire que nos filles, ainsi que nos fils, aient la meilleure éducation que nous puissions leur offrir. Dans ce but, Madame la directrice et ses professeurs font de leur mieux, j'en suis sûr, pour guider et pour bien nourrir l'âme et l'esprit de nos jeunes filles. (*Applaudissements.*) Je vous assure, mesdames et messieurs, que je suis vraiment heureux d'être ici. Je vous remercie de m'avoir invité, et si jamais je peux servir la cause du lycée je le ferai volontiers.

(Il s'assied. Applaudissements.)

LE MAIRE : Je vous remercie, Monsieur le Colonel, de votre improvisation, et de toute la sympathie que vous témoignez pour l'éducation. Maintenant une demoiselle va chanter. C'est Madeleine Lepetit, qui va nous chanter 'Les jours heureux.'

(Madeleine Lepetit monte sur l'estrade et chante. Applaudissements.)

Merci, Mademoiselle. Et maintenant je demanderai à Madame la directrice de nous faire part des activités de notre lycée, des problèmes rencontrés, des résultats obtenus.

LA DIRECTRICE (se levant) : Monsieur le Maire, Madame, Monsieur le Colonel, Madame, Mesdames et Messieurs, mes chères élèves, vous avez entre les mains un résumé de tout ce que nous avons fait pendant l'année. Je ne vous ennuierai pas donc en répétant ici ce que vous pourrez lire à loisir chez vous. Mais Monsieur le Maire a parlé de nos problèmes, et j'ose insister là-dessus. Le grand problème pour nous, c'est que notre bâtiment, qui est d'ailleurs assez ancien, n'est plus assez grand pour les besoins de nos élèves. Nous avons, comme tous les lycées, besoin de plus de laboratoires, d'une plus grande bibliothèque, de plus de salles de classe. Les développements techniques modernes ont des conséquences—il nous faut plus de bâtiments. Voilà, je crois, le plus grand problème—le besoin de s'étendre. Le nombre croissant d'élèves qui veulent poursuivre leurs études à l'université démontre bien le succès de notre travail. Quant aux activités, elles se sont beaucoup augmentées pendant l'année. Nous sommes entrées en relation avec d'autres lycées de jeunes filles, nous faisons des visites d'ordre pédagogique, les élèves elles-mêmes ont créé un cercle d'études linguistiques qui se réunit une fois toutes les quinzaines à quatre heures, et nous avons eu pendant l'année pas mal de succès sportifs. De tout ceci, je félicite les élèves, et aussi leurs pères et leurs mères, car on ne peut faire des progrès sans la bonne volonté de tous ceux qui s'intéressent à ces progrès. Monsieur le Maire, j'ai déjà trop parlé. L'heure avance, et comme il y a beaucoup de prix à décerner, je conclus, en vous remerciant de votre aide et de votre présence ici aujourd'hui. Je voudrais en même temps remercier tous ceux qui ont contribué de quelque façon que ce soit à notre cérémonie. Merci à tous.

(Elle s'assied. Applaudissements.)

LE MAIRE : Merci à vous, Madame. Je me rappellerai votre besoin de bâtiments. *(Applaudissements.)* Votre appel sera entendu. Maintenant, nous voici arrivés à un moment important : la cérémonie. Mesdemoiselles, Mesdames, Messieurs, voici le palmarès.

(Madame Rivière prend sa place à côté d'une table au fond de la scène; c'est-à-dire à droite de l'estrade. Les élèves au premier rang vont monter.)

MME RIVIÈRE : Mesdames, Mesdemoiselles, Messieurs, j'ai à vous expliquer d'abord que nous n'offrons pas de prix aux élèves de la classe terminale. Nous espérons qu'elles réussiront toutes à leur baccalauréat, et qu'elles recevront ainsi des diplômes qui leur seront précieux.

(Applaudissements.)

Je continue donc : Classe de première—c'est la classe terminale.

Classe de seconde : Langues classiques : Charlotte Arène.

(*Charlotte monte à l'estrade, reçoit du Colonel le prix qu'elle a remporté, le remercie et descend.*)

Langues modernes : Sophie Levert.

(*Sophie monte à l'estrade, reçoit un prix, remercie le Colonel et descend.*)

Français : Michelle Fourneau. Placée ex aequo, Madeleine Lavanne.

(*Elles reçoivent leurs prix.*)

Sciences : biologie : Jacqueline Letourneur.
chimie : Estelle Lefèvre.
physique : Germaine Leroy.

(*Elles reçoivent leurs prix.*)

Accessit de sciences naturelles : Micheline Lamannière.

(*Applaudissements.*)
(*Ainsi de suite. On continue à nommer les matières et les lauréates, qui montent et descendent toutes de la même façon.*)

RIDEAU

Scène II

MME RIVIÈRE : Classe de troisième. Mesdames et messieurs, avant de nommer la lauréate de latin j'ai quelque chose à ajouter. Madame la directrice m'a demandé de vous dire que la jeune fille qui a gagné ce prix a été pendant un trimestre entier hospitalisée. Elle a été malade pendant l'hiver, et elle est donc restée à l'hôpital jusqu'à la fin du mois de mars. Malgré son hospitalisation, elle s'est efforcée de continuer toute seule ses études, et le résultat est des plus brillants, puisqu'aux examens, c'est elle qui a eu les meilleures notes de la classe. Elle a donc atteint un niveau très avancé, très élevé, en latin. Mesdames et messieurs, je vous présente Marceline Deloyer.

(*Tout l'auditoire applaudit pendant quelques minutes. Marceline se tient à droite de l'estrade, en attendant jusqu'à ce que Mme Rivière lui dise de s'approcher.*)

LE COLONEL : Mademoiselle, c'est avec le plus vif plaisir que je vous donne ces trois volumes. Vous en profiterez, j'en suis sûr, car vous avez su profiter de votre séjour à l'hôpital. Je vous félicite de votre courage et de votre ténacité. (*Applaudissements.*) Voyons ce qu'on va vous donner comme récompense, ou plutôt comme symbole de récompense, car il n'y a jamais de récompense matérielle possible pour de telles qualités. Ah! Ce sont, mesdames et messieurs, les œuvres de Molière qu'on offre à Mademoiselle. (Il donne les trois tomes à Marceline.) Avec tous nos compliments.

(*Applaudissements.*)

MARCELINE (faisant une petite révérence) : Merci, monsieur le Colonel, merci beaucoup beaucoup.

(*Le colonel lui serre la main.*)

Merci encore, monsieur.

(*Elle descend et reprend sa place au deuxième rang. On continue à offrir les prix à diverses élèves.*)

RIDEAU

Scène III

On est toujours en train de distribuer les prix.

MME RIVIÈRE : Classe de cinquième : Julie de Vigne—Prix de géographie.

(Julie monte à l'estrade et reçoit son prix. Elle passe devant la directrice pour descendre, mais cette dernière lui fait signe de s'arrêter. Elle s'arrête et reste sur l'estrade.)

Histoire : Marie de Vigne, sœur jumelle de Julie.

(Applaudissements.)

LE COLONEL : Voilà une bonne raison de féliciter et Julie et Marie et aussi leur père et leur mère.

(Il serre la main à Julie, donne un livre à Marie, lui serre aussi la main. L'auditoire continue d'applaudir.)

Vous méritez bien, mesdemoiselles, les prix que vous venez de recevoir. Toutes nos félicitations!

MME RIVIÈRE : Accessit d'histoire : Germaine Latour. Dissertation : Dominique Lerminier.

(Il ne reste plus de lauréates. Le maire se lève.)

LE MAIRE : Eh bien, mesdames et messieurs, mesdemoiselles. Nous voici à la fin de notre cérémonie. Il ne nous reste qu'à remercier de tout cœur Monsieur le Colonel de sa présence parmi nous, Madame la directrice et ses professeurs d'avoir organisé cette distribution de prix, distribution d'ailleurs mémorable, et les élèves. Nous félicitons celles qui ont figuré au palmarès, qui ont reçu les prix, et nous espérons que les autres se rendront compte qu'il n'est pas possible que chaque élève soit la première de la classe. Peut-être si elles travaillent ferme, monteront-elles sur l'estrade à leur tour, la prochaine fois. Je crois que Madame la directrice veut vous parler maintenant.

MME MICHOUX : Mesdames et messieurs, en ajoutant mes

remerciements à ceux de Monsieur le Maire, je voudrais remercier aussi Monsieur le Maire, non seulement de sa présence ici à cette cérémonie heureuse, mais aussi de l'intérêt qu'il nous témoigne toujours. Il n'est jamais trop occupé pour nous aider et nous apprécions beaucoup sa sympathie. (*Applaudissements.*) Je voudrais aussi remercier vivement toutes les professeurs de leur dévouement et de leur travail pendant l'année. Et maintenant, mesdames et messieurs, je vous prie de bien vouloir rester à vos places jusqu'à ce que tous ceux qui se trouvent sur l'estrade soient sortis de la salle. Merci, mesdames et messieurs.

(*On chante l'hymne national, puis les personnalités sortent. L'auditoire se lève.*)

COLETTE: Laisse-moi voir ton livre, Micheline. (Micheline lui donne le livre.) Oh! Qu'il est beau! Tu en est contente?

MICHELINE: Assurément. Et le tien? Qu'est-ce que tu as reçu?

COLETTE: Moi, j'ai 'Le discours de la Méthode' de Descartes.

MICHELINE: Quelle belle reliure! Toi aussi, tu es contente?

COLETTE: Mais oui, Micheline, bien sûr. Ah! Voilà ta mère!

MICHELINE (à sa mère, qui s'approche d'elle):   Maman, je te retrouverai dans le vestibule. Nous devons rester ici et sortir à la file.

SA MÈRE: Oui, mon enfant. A tout à l'heure donc!

COLETTE: Notre distribution de prix a eu un succès fou!

RIDEAU

ON TRAVERSE LA RUE

René, 14 ans
Yves, 14 ans, frère jumeau de René
Marcel, 13 ans, ami de René
Gisèle, 17 ans
Monique, 15 ans
Monsieur Durand, ami du père de Marcel
Un garçon de salle

Scène I

La scène représente le carrefour d'une rue. Les décors de fond montrent les devantures de magasins. Au centre, les feux, et le passage clouté. Les enfants entrent à droite et marchent sur le trottoir le plus proche de l'auditoire. Ils parlent en marchant, puis ils s'asseyent sur un banc au premier plan.

YVES: Et vous dites que c'est votre père qui vous l'a apporté?

MARCEL: Mais oui, Yves. Comme vous le savez, mon père était capitaine de vaisseau, et il l'a acheté aux Indes.

YVES: Il était très grand, votre singe?

MARCEL: Non, au contraire, il était petit, mais si intelligent! Si vous l'aviez vu!

RENÉ: J'aurais voulu le voir, moi. Mais où est-il?

MARCEL: Il est malheureusement mort depuis six mois. Il me manque beaucoup, beaucoup.

YVES: Ça, c'est normal. Il était toujours chez vous, mais pas attaché, ni dans une cage?

MARCEL: Non, il était attaché seulement par le pouvoir de

notre affection. Il tenait beaucoup à sà maison. Un jour, il avait disparu; nous l'avons cherché partout, mais partout, dans le jardin, dans la rue. Nous avons demandé aux voisins s'ils l'avaient vu, et à la fin, vous ne la croiriez jamais! Nous sommes entrés dans le verger, et nous avons senti des pommes qui nous tombaient sur la tête!

RENÉ: Et c'était le singe!

MARCEL: Vous l'avez deviné! Il s'amusait! Ah! Quel drôle d'animal! Le pauvre Guillaume!

YVES: Il s'appelait Guillaume?

MARCEL: Oui, il s'appelait Guillaume. Pas formidable comme nom, mais quand même....

RENÉ: Quel âge avait-il? Est-ce que les singes vivent longtemps?

MARCEL: Pas très longtemps. Il avait huit ans. Les singes ne ressemblent pas aux tortues, ni aux cygnes. Je crois que ces derniers peuvent vivre jusqu'à cent ans.

YVES: Oui, Marcel. Vous avez raison.

MONIQUE: Moi, j'ai un lapin. Je n'aime pas beaucoup les singes.

GISÈLE: Un lapin? Je croyais que c'était un hamster que vous aviez. Je ne savais pas que c'était un lapin. De quelle couleur est-il?

MONIQUE: Il est blanc. Je l'ai depuis quatre ans déjà. Oh! Que je l'aime! Il est vraiment adorable!

GISÈLE: Ça m'étonne. Comment se fait-il que je me sois trompée? Je vous ai rendu visite tant de fois, et j'ai toujours pensé que c'etait un hamster dans la cage. Je n'avais aucune idée que c'était un petit lapin blanc.

MARCEL (soudainement): Oh! Regardez cette belle bicyclette! Je veux la voir.

RENÉ: Où?

YVES: Là—de l'autre côté de la rue. A l'étalage du magasin d'en face.

(Marcel s'est levé. Il commence à traverser la rue.)

MARCEL :   Je serai de retour dans un instant. Restez là, sur place.

RENÉ :   Mais non, Marcel! Attendez-moi! Je vous accompagne!

(Il se lève et va rejoindre Marcel. Gisèle se lève. Elle s'approche de Marcel.)

GISÈLE :   Mais, Marcel, ne savez-vous pas qu'il est dangereux de traverser la rue de cette façon-là?

MARCEL :   De quelle façon?

GISÈLE :   En traversant à cet endroit-ci. (D'un ton vexé.) Il ne faut jamais le faire, jamais, jamais.

MARCEL :   Mais il n'y a pas de danger, voyons!

(Dans les coulisses, bruitage d'autos et d'un klaxon.)

GISÈLE :   Mais si, il y en a.

MONIQUE :   Si nous traversions ensemble?

GISÈLE :   Oui, Monique, Ça c'est une bonne idée, mais il faut quand même traverser sur le passage clouté.

MARCEL :   Je sais que, d'une façon générale, vous avez raison, Gisèle. Il faut traverser sur le passage clouté, mais il faut d'abord attendre que les feux changent de couleur.

MONIQUE (riant) :   Oui, ils sont toujours rouges quand moi, je veux traverser!

YVES (mettant la main à la joue) :   Oh! il va pleuvoir!

RENÉ :   Pourquoi le dis-tu? Le ciel n'est pas couvert, et l'on ne voit pas de nuages.

YVES :   J'ai cru sentir une goutte de pluie.

MARCEL (d'un ton résigné) :   Oui, Yves, vous avez raison. Il pleut.

MONIQUE :   Entrons donc dans le magasin. On ne peut pas faire du lèche-vitrine quand il fait mauvais temps.

YVES: Eh bien, traversons la rue.

GISÈLE: Mais non, Yves. Les feux sont verts—ça veut dire que ce sont les autos qui ont le droit de passer, pas nous.

RENÉ (soupirant): Attendons donc!

MONIQUE: Voilà. Les feux ont changé. Traversons.

(*Ils traversent tous.*)

RIDEAU

Scène II

Devant le magasin. Une bicyclette est au fond de la scène, derrière la vitrine.

MARCEL: Qu'elle est belle, la bicyclette!

RENÉ: Oui, Marcel, mais la couleur est trop vive, à mon goût.

MARCEL: Mais, René, le jaune est très bien pour une bicyclette. On peut la voir facilement dans la rue.

RENÉ: Vous ne pensez pas qu'on peut changer la couleur?

YVES: Il me semble que la couleur n'est pas très importante. Ce sont les freins et le guidon qu'il faut examiner.

MARCEL: Et les pneus.

YVES: Oui, Marcel, mais les pneus d'une bicyclette neuve sont toujours en bon état. Ce n'est qu'après quelque temps qu'ils deviennent usés et ils deviennent alors dangereux.

MARCEL: Je trouve que ... je trouve ... je pense ...

MONIQUE: Vous hésitez. Pourquoi? Que pensez-vous donc?

MARCEL: Que ça coûte un peu cher.

MONIQUE: Mais on peut l'acheter à tempérament.

MARCEL: C'est vrai. Mais mon père ne me le permettrait pas.

MONIQUE: Pourquoi pas?

MARCEL : Il n'approuve pas qu'on achète à crédit. Il dit qu'il faut attendre jusqu'à ce qu'on ait gagné l'argent par son travail avant d'acheter quelque chose.

MONIQUE : En principe, il a raison. Eh bien, Marcel, il faut attendre jusqu'à l'âge de dix-huit ans. Vous aurez quitté le lycée, vous travaillerez, vous aurez de l'argent.

RENÉ : Moi, j'ai une meilleure idée.

MARCEL : Et cela sans peine, car de toute façon l'idée d'attendre cinq ans ne me plaît guère. Quelle est votre idée?

RENÉ : Tout simplement, demandez à votre père de vous acheter la bicyclette comme cadeau!

MARCEL : Peut-être avez-vous une bonne idée. En tout cas, je peux lui en parler. Cela vaut la peine. Mais où est Gisèle? Que fait-elle?

MONIQUE : Elle s'est éloignée de nous pour regarder les robes. Elle pense toujours à acheter des robes neuves. Moi, je ne vois pas pourquoi. Elle me semble déjà très bien habillée.

YVES : Les jeunes filles! Les femmes! Toujours la mode— rien que la mode! Moi, je vais aller de l'autre côté de la rue!

(*Il commence à traverser la rue, mais il n'est pas sur le passage clouté.*)

RIDEAU

Scène III

Monsieur Durand, ami du père de Marcel, et aussi ami du père des jumeaux, rencontre les enfants.

MONIQUE : Bonjour, Monsieur.

M. Durand: Bonjour, Monique. Bonjour, Gisèle. Et René, Marcel. Bonjour, Yves.

Yves: Bonjour, Monsieur.

M. Durand: Yves, je suis content de vous voir. Je voudrais vous parler.

Yves: Me parler, Monsieur?

M. Durand: Mais oui, Yves.

Yves: J'écoute, Monsieur.

M. Durand: Vous savez que je suis depuis longtemps ami de votre père, que j'admire beaucoup.

Yves: Oui, Monsieur.

M. Durand: Et que pour lui rendre service je prendrais la liberté de vous donner des conseils. Vous allez peut-être penser que je ne devrais pas me mêler de vos affaires, mais mon amitié envers votre père, et, bien entendu, envers vous est ma meilleure excuse.

Yves (d'un ton étonné): Oui, Monsieur, mais je ne vous comprends point. Je dois franchement l'avouer.

M. Durand (souriant): Je vais m'expliquer plus clairement. Vous étiez, au moment où je vous ai vu, en train de risquer de vous jeter sous la première auto venue.

Yves (riant): Ah! Je comprends! J'allais traverser la rue! Mais j'ai quatorze ans, Monsieur, je ne suis plus un enfant! Il n'y a pas de danger!

M. Durand: Pas à ce moment, mais, Yves, on n'est jamais certain, quel que soit l'âge que l'on a! Il faut toujours aller au passage clouté.

Yves (souriant): Je m'excuse, Monsieur. Vous avez entièrement raison. J'étais dans mon tort. C'était en vérité trop hasardeux que d'essayer de traverser à cet endroit-ci. Allez, vous autres (à ses amis) allez entre les clous!

M. Durand: Votre père serait heureux de connaître votre sagesse. Vous ne m'en voulez pas de vous en avoir parlé, j'espère.

YVES: Mais non, Monsieur, pas du tout. Je vous suis reconnaissant.

M. DURAND: Moi aussi, je vous remercie.

YVES: Mais de quoi, Monsieur? En effet, je n'ai rien fait pour vous.

M. DURAND: Si, mon petit. D'abord, j'estime beaucoup votre père et je ne veux pas qu'il soit bouleversé par les nouvelles d'un accident—ce seraient de bien mauvaises nouvelles. C'est donc parce que je tiens à votre père que j'ai osé vous parler de la sorte, et je dois vous remercier de la manière dont vous avez reçu mes remarques. Je sais que les jeunes n'aiment pas qu'on leur dise ce qu'il faut faire.

YVES (souriant): Mais, Monsieur, je comprends parfaitement bien.

M. DURAND: Je suggère que nous entrions tous dans le café pour causer plus facilement, plus à notre aise que sur le bord du trottoir! Ça vous va?

YVES: Mais, Monsieur, vous êtes bien gentil. Merci bien, monsieur. Mais vous avez d'autres choses à faire, peut-être? Vous êtes occupé?

M. DURAND: Oh, j'ai bien dix minutes de libre. Prenons une tasse de café. Mais d'abord il faut traverser la rue.

YVES (riant): Sur le passage clouté! Allons-y!

(*Tous les enfants et Monsieur Durand traversent sur le passage clouté.*)

RIDEAU

Scène IV

A la terrasse d'un café.

M. DURAND: Que prenez-vous tous? Café?

MARCEL: Puis-je prendre une citronnade, monsieur, s'il vous plaît? Je n'aime pas beaucoup le café.

M. DURAND: Une citronnade ou un citron pressé? Que préférez-vous?

MARCEL: Oh! Le citron pressé! Puis-je le prendre, Monsieur?

M. DURAND: Mais certainement, Marcel. Et vous, Monique et Gisèle, un café au lait?

MONIQUE: Oui, merci bien, Monsieur.

M. DURAND: Et pour vous aussi, Gisèle, un café au lait ou un café filtre?

GISÈLE: Un café filtre, s'il vous plaît, Monsieur.

M. DURAND: Ah, comme moi, vous aimez le café fort. Et vous, René et Yves, que prenez-vous?

YVES: Puis-je avoir une glace, s'il vous plaît, Monsieur?

M. DURAND: Mais oui, Yves, choisissez votre parfum.

YVES: Oh, vanille, je crois.

M. DURAND: Et vous, René?

RENÉ: Une glace au chocolat, s'il vous plaît, Monsieur.

M. DURAND: Bien. Tout le monde a donc choisi. Garçon!

LE GARÇON: Monsieur!

M. DURAND: Deux cafés filtre, un café au lait, un citron pressé, une glace vanille et une glace au chocolat, s'il vous plaît.

LE GARÇON: Bien, Monsieur, tout de suite, Monsieur.

(Il sort.)

M. DURAND: Oh! Qu'il fait beau maintenant!

MARCEL: Oui, monsieur, nous avons cru tout à l'heure qu'il allait pleuvoir, et nous avions l'intention d'entrer dans le magasin.

M. DURAND: Mais Yves était en train de traverser la rue, d'aller de l'autre côté.

MARCEL: Oui, monsieur, il était impatient! Gisèle s'était un peu éloignée pour regarder les robes.

GISÈLE: Vous voyez, Monsieur. Il a raison. C'était en

vérité de ma faute si notre ami a essayé de défier les autos!

(*A ce moment, le garçon revient.*)

M. DURAND : Bon, merci.

(*Il lève sa tasse de café, et s'adresse aux enfants.*)

Eh bien, à la santé de tous!

(*Les enfants lèvent les tasses, le verre ou les cuillères.*)

TOUS : Santé!

RIDEAU

UNE RÉPÉTITION

PERSONNAGES :

Jean, qui joue le rôle de Michel, père d'Antoine
Georges, qui joue le rôle d'Antoine, fils de Michel
Louise, sœur de Jean, qui joue le rôle de Catherine,
  sœur d'Antoine
La mère de Jean
André, ami des jeunes gens
Le souffleur
L'accessoiriste
D'autres membres du Club des Jeunes
M. Leclerc, metteur en scène

Scène I

Chez Jean et Louise, qui sont dans le salon avec leur mère.
Cette dernière est assise à gauche. Au centre, un guéridon. La
porte est à droite.

JEAN : Maman, je serai de retour ce soir plus tard que
d'habitude.
LOUISE : Et moi aussi. M. Leclerc a arrangé une répétition
au Club des Jeunes.
LA MÈRE : Une répétition? De la pièce que vous allez
monter à Noël?
LOUISE : Celle-là même. C'est une pièce moderne. Nous jou-
ons tous les deux des rôles assez importants, et nous devons
rester jusqu'à la fin de la répétition pour savoir s'il y a
d'autres choses à arranger.

LA MÈRE :   A quelle heure donc serez-vous de retour?

JEAN :   On ne sait pas. Nous allons commencer à cinq heures. Peut-être serons-nous de retour à sept heures, ou vers sept heures.

LA MÈRE :   Alors, si vous êtes en retard pour le dîner, n'importe. Je pourrai le réchauffer. Ne vous dépêchez pas, mes enfants. Restez aussi longtemps qu'il vous faudra.

LOUISE :   Merci, Maman. Et sois tranquille. Nous ne reviendrons pas trop tard.

JEAN :   Mais non, Maman. Au revoir. A sept heures donc, ou peut-être plus tôt.

LA MÈRE :   Au revoir. Amusez-vous bien.

(Jean et Louise sortent.)

RIDEAU

Scène II

Au Club des Jeunes. Jean, Louise et d'autres members du Club attendent l'arrivée du metteur en scène.

JEAN :   Bonsoir, André. Comment ça va?

ANDRÉ :   Très bien, merci. Et toi?

JEAN :   Très bien, merci. Tu as des nouvelles de ton examen de musique?

ANDRÉ :   Pas encore. J'attends toujours. Que c'est ennuyeux !

JEAN :   Ça passera. Peut-être le facteur passera-t-il chez toi demain ou dans quelques jours.

(Georges arrive.)

ANDRÉ :   Bonjour, Georges. Tu es prêt pour la répétition?

GEORGES :   Assurément. Bonjour, Jean. Bonjour, Louise. Bonjour, tout le monde.

LOUISE :   Bonjour, Georges. Tu as tout appris?

GEORGES : Mais non, Louise, malheureusement. Pas tout à fait. J'oublie toujours la fin du deuxième acte. Je ne sais pas pourquoi. Peut-être manque-t-il d'intérêt pour moi.

LOUISE : Dans l'ensemble, trouves-tu la pièce intéressante?

GEORGES : La pièce dans son ensemble, en somme, oui, Louise. Ce n'est que la fin du deuxième acte qui m'ennuie un peu, et franchement, je dois avouer que moi, je ne pourrais écrire une pièce. Je ne devrais donc pas juger. Je n'en ai pas vraiment le droit.

LOUISE : On te pardonne! Qui sait, tu deviendras peut-être un acteur célèbre à l'avenir! On ne sait jamais. Il faut avoir de l'ambition!

GEORGES : Oui, Louise, tu as raison. Mais voici Monsieur Leclerc qui arrive.

(On se tourne vers la porte.)

RIDEAU

Scène III

Au Club. On est en train de se préparer à la répétition. Les jeunes se tiennent à gauche, devant une table, M. Leclerc à droite. Au fond, une scène de théâtre. Le souffleur est à droite.

M. LECLERC : Alors? On est prêt? On va commencer la répétition. Jean et Louise en scène, s'il vous plaît.

(Jean et Louise montent sur la scène.)

Nous allons commencer à la page 25. Acte II. Scène III.

LOUISE (à voix basse) : Le pauvre Georges!
JEAN (à voix basse) : Il se débrouillera.

M. LECLERC : Vous y êtes? Louise, tu commences, s'il te plaît : 'Moi, je ne veux pas y aller.'

LOUISE (jouant le rôle de Catherine):   'Moi, je ne veux pas y
aller, papa.'

M. LECLERC: Oh, Louise! Tu n'as pas d'imagination? Tu
dis cette ligne toujours comme si tu demandais d'acheter un
morceau de chocolat, voyons! Il faut mettre beaucoup plus
d'emphase, faire ressortir la négation. Je sais bien que tu
es toujours très gentille, mais en l'occurrence, sois un peu
fâchée, ma petite, s'il te plaît.

LOUISE: Oui, Monsieur. (plus vigoureusement): 'Moi, je ne
veux pas y aller, papa!'

M. LECLERC: Ça, c'est mieux, beaucoup mieux. Continuons.
Jean, tu devrais froncer les sourcils sans rien dire—tu es
quelque peu étonné à la réponse de ta fille, mais comme tu
es un père indulgent, tu ne la contraries pas. Entendu?
Reprenons. Louise!

LOUISE: 'Moi, je ne veux pas y aller, papa!'

(*Louise, dans son rôle de fille de Michel, tend les mains vers
Jean, qui joue le rôle de son père. Celui-ci fronce les sourcils.*)

M. LECLERC: Continuons. Georges, où es-tu? Tu entres en
scène!

GEORGES (à gauche):   J'arrive, Monsieur! Je regrette d'être
en retard.

M. LECLERC (sévèrement):   Espérons que vous ne serez pas
en retard le soir de la représentation.

GEORGES: Non, Monsieur. Certainement pas. Je serai prêt
à entrer en scène.

M. LECLERC (plus doucement):   Tant mieux. Enfin, nous
continuons donc. Louise, une fois de plus, s'il te plaît.

LOUISE: 'Moi, je ne veux pas y aller, papa!'

JEAN (jouant le rôle de Michel):   'Mais, ma fille, une soirée
au théâtre, ce n'est pas un supplice, voyons.'

(*Georges entre en scène.*)

GEORGES (jouant le rôle d'Antoine): 'Bonjour, papa!'

JEAN: 'Bonjour, mon fils. Tu as bien dormi?'

GEORGES: Très bien, merci. Et toi?

JEAN: Parfaitement bien, merci, mon fils, comme d'habitude. J'étais en train de dire à ta sœur que ta mère et moi, nous avons arrangé une soirée au théâtre pour ce soir. Il paraît qu'elle n'est pas d'accord. Elle ne veut pas y aller.

GEORGES: Mais cela se comprend, papa. C'est que nous aussi, nous avons déjà arrangé des visites pour ce soir— chez nos amis les Leblanc. Ce sera une soirée agréable— une surprise pour les autres. Ce sont les Leblanc qui ont tout préparé.

JEAN: 'Eh bien, mon cher fils, il faut donner un coup de fil à tes amis. Tu ne pourras pas y aller cette fois-ci. Je le regrette beaucoup, mais c'est une occasion très particulière pour Maman et moi. C'est notre vingtième anniversaire de mariage, et je croyais que tu savais parfaitement la date!'

M. LECLERC: Bon. C'est très bien. Georges, est-ce que tu pourrais faire un peu plus de gestes? Emploie tes mains, ton visage, ta voix, tes épaules—tout—pour jouer le rôle d'une façon vivante et personnelle. Tu n'es pas un garçon quelconque. Tu es un fils déçu, désappointé. Tu aimes ton père, malgré ton désir de sortir avec tes camarades. Tu veux plaire à ta Maman. Il y a donc un conflit dans ton âme. Tu comprends?

GEORGES: Oui, Monsieur.

M. LECLERC: Et toi, Jean. Toi aussi, tu es désappointé, mais reste sur place. Ne va pas à la fenêtre.

JEAN: Je pourrais peut-être regarder Georges d'une façon un peu sévère? Je veux qu'il annule son rendez-vous, qu'il se désinvite, n'est-ce pas? Je veux qu'il donne un coup de fil à ses amis.

M. LECLERC: Oui, Jean, essayons cela. Recommençons la réplique de Georges: 'Mais cela se comprend, papa.'

GEORGES: 'Mais cela se comprend, papa. C'est que, nous aussi, nous avons arrangé des visites pour ce soir, chez nos amis les Leblanc.'

M. LECLERC: Jean, tu peux faire un geste de désespoir quand Antoine te dit cela. Toi, tu comprends la loyauté de ton fils envers ses amis, mais tu veux en même temps plaire à ta femme. Continuez, tous les deux. A Georges!

GEORGES: 'Ce sera une soirée agréable, une surprise pour les autres. Ce sont les Leblanc qui ont tout préparé.'

JEAN: 'Eh bien, mon cher fils, il faut donner un coup de fil à tes amis. Tu ne pourras pas y aller cette fois-ci. Je le regrette beaucoup, mais c'est une occasion très particulière pour Maman et moi. C'est notre vingtième anniversaire de mariage, et je croyais que tu savais la date!'

M. LECLERC: Bravo! Ça, c'est beaucoup mieux. Continuez.

GEORGES: Papa, j'ai honte. J'avais complètement oublié l'anniversaire. Sans cela, je n'aurais jamais pensé à sortir. Je vais téléphoner tout de suite aux Leblanc. Je leur dirai ... euh ... euh ...

LE SOUFFLEUR: Je leur dirai que je regrette beaucoup de ne pas pouvoir venir.

GEORGES: Je leur dirai que je regrette beaucoup de ne pas pouvoir venir leur rendre visite, et Catherine aussi. Je parle pour elle.

LE SOUFFLEUR: Catherine aussi, elle ne pourra venir non plus.

GEORGES: Elle ne pourra venir non plus.

M. LECLERC: Reprenez encore une fois, s'il vous plaît.

JEAN: Eh bien, mon cher fils, il faut donner un coup de fil à tes amis. Tu ne pourras pas y aller cette fois-ci. Je le regrette beaucoup, mais c'est une occasion très particulière pour Maman et moi. C'est notre vingtième anniversaire de mariage et je croyais que tu savais bien la date!

GEORGES: Papa, j'ai honte. J'avais complètement oublié

l'anniversaire. Sans cela, je n'aurais jamais pensé à sortir. Je
vais téléphoner tout de suite aux Leblanc. Je leur dirai que je
regrette beaucoup de ne pas pouvoir venir leur rendre visite,
et Catherine aussi, elle ne pourra pas venir non plus.

M. Leclerc : Très bien. Ça y est. Un entr'acte pour tout le
monde. Dix minutes, s'il vous plaît, pas plus.

RIDEAU

Scène IV

Après l'interruption. On continue la répétition.

M. Leclerc : Où est l'accessoiriste? Notre cher Charles!
Où est-il?

Georges : Il parle au régisseur, Monsieur. (A la cantonade) :
On demande l'accessoiriste, s'il vous plaît.

L'Accessoiriste : Me voici, monsieur. Vous avez besoin
de moi?

M. Leclerc : Oui, Charles. Voulez-vous bien mettre une
petite table à droite sur la scène, et dessus, le téléphone.
Merci bien.

L'Accessoiriste : Au fond ou au premier plan, monsieur?

M. Leclerc : Au premier plan.

L'Accessoiriste : Tout de suite, monsieur.

M. Leclerc : Dites au régisseur ce que nous avons fait,
n'est-ce pas?

L'Accessoiriste : Bien, monsieur.

*(Il va en scène, met la table à droite, le téléphone dessus, et se
retire.)*

M. Leclerc : Georges, nous prenons ta conversation avec
les Leblanc. Tu commences 'Allô! Allô!'

Georges (faisant d'abord le numéro) : Allô!…allô!…

Antoine à l'appareil. Très bien, merci. . . . Et toi? . . . Bon . . .
j'ai des choses un peu désagréables à te dire. . . .Allô! . . .
Allô . . . Oh! . . . nous avons été coupés. . . . Mademoiselle,
nous avons été coupés. . . . Il faut raccrocher? Oui,
mademoiselle.

(Il raccroche, et fait encore une fois le numéro.)

Ah! C'est toi, Marcel? Nous avons été coupés. J'étais en
train de dire que Catherine et moi, nous ne pourrons pas
venir ce soir . . .malheureusement non, mon vieux . . .
mais tu comprends, c'est l'anniversaire de mariage de mon
père et de ma mère . . . ils ont arrangé une soirée au théâtre
pour toute la famille . . . Oui . . . oui, Marcel . . . tu es bien
gentil. C'est pour vendredi alors? . . . Oui, si tu veux bien
me passer ta mère, je ferai mes excuses auprès d'elle. Merci
. . . à vendredi . . .

Ah! C'est vous, Madame! Je dois m'excuser pour ce soir.
Je regrette beaucoup, beaucoup, mais c'est impossible.
Catherine ne pourra pas venir non plus. . . . Elle aussi elle
s'excuse. . . . Merci, Madame, vous êtes bien gentille. . . .
Oui, Madame, cela nous fera très plaisir. . . . Merci, Madame
. . . .Oui, Madame, à sept heures et demie. . . . Parfaitement,
Madame, et encore une fois, je m'excuse, et je parle pour
Catherine aussi. Bien des choses à Monsieur. Je vous re-
mercie, Madame. Au revoir, Madame.

(Il raccroche.)

M. Leclerc: Très bien. En voilà assez pour aujourd'hui.
Vous êtes d'accord, tout le monde?

RIDEAU

Scène V

Le lendemain soir. Au club. On va continuer la répétition.

Les jeunes gens sont au centre de la scène. Ils parlent l'un à l'autre.

L'ACCESSOIRISTE :   Jean, est-ce que tu vas porter une perruque ?

JEAN :   Non, Charles. Je pourrai mettre un tout petit peu de poudre d'iris sur les cheveux pour les rendre quelque peu gris. Il faut demander à Monsieur Jules s'il est d'accord.

L'ACCESSOIRISTE :   Bien. Pourvu que tu n'aies pas besoin d'une perruque, c'est tout ce qui me concerne, moi. Merci, Jean.

JEAN :   Georges, j'ai constaté hier que tu as très bien répété ta conversation avec Madame Leblanc. Tu n'as rien à craindre au deuxième acte.

GEORGES :   Merci mille fois, Jean. Tu me rassures.

(Louise s'approche d'eux.)

LOUISE :   Bonjour, Georges. Tu vas bien ?

GEORGES :   Très bien, merci, et toi ?

LOUISE :   Comme ci, comme ça. Je me porterai mieux après la représentation.

GEORGES :   Tu n'as pas peur ?

LOUISE :   Si, Georges.

GEORGES :   Mais tu joues ton rôle pourtant très bien.

LOUISE :   Merci, mon ami. Tu es bien gentil, mais je ne suis pas sûre d'être prête, quant à moi.

JEAN :   Voici Monsieur Leclerc. On va commencer.

M. LECLERC :   Bonjour, tout le monde.

(Ils répondent tous 'Bonjour'.)

Commençons ce soir par le premier acte, s'il vous plaît. Georges, Jean et Louise sont tous en scène. Louise, tu es prête ?

LOUISE :   Oui, monsieur.

(Les trois amis prennent leurs places.)

Louise (jouant le rôle de Catherine):　Ce n'était pas très difficile, papa. Je cours assez vite.

Jean:　Oui. ma petite, mais pour remporter un tel prix tu as dû le mériter. Je suis très fier de ma fille.

Louise:　Merci, papa.

Jean:　Et toi, Antoine, qu'as-tu fait aujourd'hui?

Georges (jouant le rôle d'Antoine):　Rien de très intéressant. J'ai passé presque toute la journée à la bibliothèque. Les examens approchent bien vite.

M. Leclerc:　Georges, ne sois pas trop lugubre quand tu parles des examens. Tu dois te rappeler qu'Antoine est assez appliqué. S'il n'avait pas passé son temps à la bibliothèque, il aurait fait une promenade en vélo. Il est évident qu'il avait congé ce jour-là. Reprenons ces dernières lignes, s'il vous plaît. La réplique de Jean: Et toi, Antoine, qu'as-tu fait aujourd'hui?

Jean:　Et toi, Antoine, qu'as-tu fait aujourd'hui?

Georges:　Rien de très intéressant. J'ai passé presque toute la journée à la bibliothèque. Les examens approchent bien vite.

M. Leclerc:　Beaucoup mieux. Continuez.

Jean (dans le rôle de Michel):　Ça passera, mon fils, et après, tu seras heureux d'avoir sérieusement étudié. Ça vaut la peine.

Georges:　Je le sais, vraiment, papa. Ce n'est pas que je n'aime pas travailler. C'est simplement que, lorsqu'il fait beau, j'ai envie de sortir.

Jean:　Moi aussi, mon fils.

Louise:　Et moi aussi.

Georges:　Catherine, cela se comprend, mais toi, papa? Tu as envie de sortir? Je croyais que tu aimais tellement le travail que rien ne pouvait t'en distraire.

JEAN :   Mais, mon cher fils, je ne suis pas un ange, voyons!
Comme toi, quand il fait beau, je voudrais bien aller à la
campagne, faire une promenade en voiture. Hélas, il faut
gagner de l'argent pour vivre.

GEORGES :   C'est vrai. Et maintenant, excusez-moi, tous les
deux. Je reviendrai plus tard. Il y aura un bon programme
à la télévision ce soir. Moi, je voudrais rester assis devant
le téléviseur toute la soirée! A bientôt.

(Georges sort.)

M. LECLERC :   Ça y est. Georges, quand tu dis 'Je croyais
que tu aimais tellement le travail' il faut te garder d'être
trop ironique. Ce n'est pas ça, c'est simplement que Michel
travaille toujours, et que tout le monde le sait. Il faut le dire
tout doucement. Essayons cela.

GEORGES :   Catherine, cela se comprend, mais toi, papa? Tu
as envie de sortir? Je croyais que tu aimais tellement le
travail que rien ne pouvait t'en distraire.

M. LECLERC :   Merci, Georges. Ça y est. Continuons maintenant à la fin de la troisième scène de l'acte deuxième.
Louise, s'il te plaît, ma petite! Au centre de la scène, et
n'oublie pas ce que nous avons dit hier, n'est-ce pas?

LOUISE :   Non, monsieur. Je n'oublierai pas.

M. LECLERC :   Tu vas parler d'une façon très douce, mais un
peu fâchée au commencement. Recommençons: 'Moi, je
ne veux pas y aller, papa.'

LOUISE :   Moi, je ne veux pas. . . .

RIDEAU

ON VOYAGE PAR LE MÉTRO!

PERSONNAGES:
Alain
Michel
Olivier
Georges, touriste anglais ami de Michel
L'employée du Métro.

Scène I

Dans le salon de l'appartement de Michel. Alain et Olivier vont venir, et ils ont tous les quatre l'intention d'aller voir Vincennes, son parc et son château.

GEORGES: A quelle heure avez-vous dit à Alain et à Olivier de venir?

MICHEL: A dix heures. Comme ça nous pourrons avoir une longue journée à passer à Vincennes.

GEORGES: Il y a un parc et un château, je crois. Est-ce qu'il y a d'autres choses?

MICHEL: Mais oui. Il y a aussi un jardin zoologique de premier ordre.

GEORGES: Reviendrons-nous ici pour déjeuner?

MICHEL: Non, ce n'est pas la peine. Nous allons prendre un repas au restaurant, peut-être à Vincennes même, peut-être ailleurs, mais en tout cas nous ne reviendrons qu'à six heures et demie du soir pour le dîner.

GEORGES: Vous l'avez dit à votre mère?

MICHEL: Naturellement! Bien sûr je le lui ai dit. Je lui dis toujours où je vais, et si je vais être absent à l'heure du déjeuner.

(On entend une sonnerie.)

Ah! Les voilà!

(Il regarde par la porte entr'ouverte.)

Oh non, c'est une amie de ma mère.

GEORGES :   Elle va venir ici?

MICHEL :   Je crois que non. Marie la fera entrer dans la salle à manger. Maman causera sans doute assez longtemps avec elle.

(Deuxième sonnerie.)

Aha! Cette fois-ci ce sont nos amis.

(Alain et Olivier entrent dans le salon.)

Bonjour, mes amis. Soyez les bienvenus!

ALAIN :   Bonjour, Georges. Bonjour, Michel. Alors, on est prêt?

MICHEL :   Pas tout à fait. Je m'excuse un instant. Je vais chercher un mouchoir propre. J'ai oublié de le mettre dans ma poche.

(Il sort.)

OLIVIER :   Et comment vas-tu aujourd'hui, Georges?

GEORGES :   Oh, je vais bien, très bien, merci.

OLIVIER :   Que le temps passe vite! Ton séjour sera bientôt terminé. Quel dommage!

GEORGES :   Oui. Vous me manquerez tous. Mais je vous écrirai de temps en temps.

ALAIN :   J'espère que oui. Et moi, je vais aller en Angleterre l'année prochaine, à Pâques. Je m'en réjouis beaucoup.

GEORGES :   Je crois que Londres vous plaira. C'est une ville qui attire beaucoup de touristes de tous les pays du monde. Mais si vous voulez vous pourrez rester à Londres chez nous. Je suis sûr que mon père et ma mère seront très heureux de vous recevoir.

ALAIN: Merci, merci mille fois. Tu es fort aimable. Mais, mon cher Georges, nous te tutoyons, et toi, tu nous vouvoies. Je ne sais pas pourquoi.

GEORGES: Oh, pardon. J'avais oublié que vous m'avez demandé de vous tutoyer. Vous savez—pardon, tu sais— qu'en Angleterre on ne fait pas une telle distinction.

(Michel revient.)

MICHEL: Eh bien, on est prêt?

ALAIN: Oui. Nous allons par le Métro?

OLIVIER: Mais oui. C'est la meilleure façon d'y aller—et le moins cher.

GEORGES: Jamais je ne cesse de m'émerveiller que le Métro soit si bon marché pour une si grande distance. Vincennes est assez loin. Si l'on y va par autobus, cela coûterait bien cher, mais par le Métro! Cette méthode de payer le même prix une ou vingt stations, c'est formidable!

ALAIN (riant): Formidable en effet. Nous y sommes habitués, tu sais. Pour nous, c'est le seul moyen.

MICHEL (regardant le plan du Métro): En descendant d'ici, nous allons suivre le boulevard. Nous prendrons le Métro à Port Royal—la ligne de Sceaux.

GEORGES: Est-ce qu'il faut changer?

OLIVIER: Changer de train? Oh—les correspondances, Michel?

MICHEL: Oui, il y a une correspondance à Denfort-Rochereau, puis à Châtelet.

ALAIN: Ne vaudra-t-il pas mieux aller par l'autobus jusqu'à la station Montparnasse-Bienvenue, prendre la ligne 4, direction Clignancourt? Comme ça nous n'aurions qu'une seule correspondance, à Châtelet. (Se tournant vers Georges): D'ailleurs la ligne de Sceaux n'a pas de prix unique; le prix est variable, il dépend de la distance pour ainsi dire.

OLIVIER : Quelle ligne faut-il prendre à Châtelet?

MICHEL : Numéro un. Direction Vincennes. Bon. Vous êtes tous d'accord? Vous voulez prendre l'autobus jusqu'à Montparnasse?

ALAIN : Bien sûr.

(Ils vont à la porte pour sortir de scène.)

RIDEAU

Scène II

L'entrée au Métro Montparnasse.

MICHEL : Georges, veux-tu acheter les billets, s'il te plaît?

GEORGES : Moi?

MICHEL : Oui, toi, mon petit. Il faut profiter de l'occasion d'être à Paris. Parle français à toute heure.

GEORGES : Eh bien, si tu veux. Il nous faut quatre billets, en seconde ou en première?

OLIVIER : Mais, Georges, il faut toujours aller en seconde. C'est moins cher—et nous autres, nous n'avons pas beaucoup d'argent dans les poches—nous qui sommes lycéens.

GEORGES : Pardon, quatre en seconde classe. C'est ce qu'il faut dire?

MICHEL : Non. 'Quatre tickets de seconde.'

GEORGES : Il ne faut pas dire 'A Vincennes'?

ALAIN : Mais, mon ami, ce n'est pas nécessaire. Tu sais que le prix des billets est le même n'importe où.

GEORGES : Merci.

(Il va au guichet.)

Quatre tickets, madame, s'il vous plaît, en seconde.

L'EMPLOYÉE : Voilà, monsieur. Merci.

(Georges lui donne un billet de cinq francs.)

Voilà! (lui donnant la monnaie) Ça fait cinq francs. Merci, monsieur.

(Georges rejoint ses camarades.)

MICHEL : C'est très bien, Georges. Descendons. Non! Pas par là! Par ici! Direction Porte de Clingnancourt.

GEORGES : Et il faut descendre à Châtelet.

MICHEL : Précisément, si tu y arrives bien!

GEORGES : Qu'est-ce que tu veux dire?

MICHEL : Je te taquine, Georges. Tu ne peux pas entrer par là. L'entrée est interdite.

GEORGES : Oh, je comprends. Pardon!

ALAIN : Et il y a aussi au bout de ce couloir un portillon automatique qui t'empêche d'entrer, parce qu'il se ferme avant l'arrivée du train. Tu ne peux pas passer par là.

GEORGES : Tant mieux pour nous, puisque le portillon se ferme automatiquement.

MICHEL : Georges, il faut présenter ton billet au contrôleur quand tu arriveras au quai.

GEORGES : Merci, Michel. Ça, je le savais, mais je pense qu'on ne doit pas le présenter au terminus du trajet, n'est-ce pas?

OLIVIER : Mais non, tu l'as déjà présenté au contrôleur pour commencer.

ALAIN : Oui, mais garde-le tout de même—'Il peut être contrôlé en cours de route'—ça arrive souvent. Garde-le jusqu'à l'arrivée à Vincennes.

MICHEL : Bien. Nous voici au contrôle. C'est à toi de passer le premier, Georges.

GEORGES : Merci, Michel.

RIDEAU

Scène III

Châtelet. A la correspondance.

MICHEL: C'est la ligne numéro un que nous cherchons.

GEORGES: La voilà. Ligne numéro un. Correspondance.

OLIVIER: Oui, mon ami. Mais c'est la direction Porte de Neuilly.

ALAIN: Il faut chercher ailleurs. Correspondance direction Château de Vincennes.

GEORGES: Je n'oublierai jamais votre Métro, vous savez. Il est si difficile à comprendre.

OLIVIER: Pas aussi difficile que le vôtre. A vrai dire, le Métro est facile à comprendre. Il n'y a que quatorze lignes urbaines et aussi la ligne de Sceaux et celle de Boissy-Saint Léger. La direction est toujours très clairement marquée, et les correspondances également.

ALAIN: Et moi, j'espère comprendre le système londonien aussi bien que toi, tu comprends le nôtre, Georges. Tu te débrouilles très bien.

OLIVIER: Moi aussi, je suis de ton avis, Alain. Georges s'en sort très bien.

GEORGES: Merci.

MICHEL: Eh bien, nous y sommes. N'oublie pas, Georges— le portillon automatique et aussi le contrôleur. Présente ton billet, n'est-ce pas?

RIDEAU

Scène IV

Dans le compartiment de 2e classe. Les quatre garçons sont déjà assis. Le bruitage indique que le train est en marche.

MICHEL: En arrivant à Vincennes, que ferons-nous d'abord?

ALAIN: La visite du château, peut-être.

OLIVIER: Comme Georges ne reviendra pas de si tôt, c'est lui qui doit choisir.

GEORGES: Mais moi, je ferai ce que vous voulez, vous autres. Cela m'est égal. D'ailleurs, je compte revenir sous peu.

MICHEL: Vraiment? Comment ça? Tu seras en train de passer tes examens le trimestre prochain.

GEORGES: J'espère que oui.

ALAIN: Georges, tu te trompes. 'Passer' ne veut pas dire que tu réussiras—bien que je l'espère, bien entendu. 'Passer un examen' veut dire en France qu'il faut le faire, répondre aux questions, écrire pendant trois heures ou se mettre à l'épreuve orale.

GEORGES: Ah! Je comprends. Merci. Oui, Michel, il est donc vrai que je passerai les examens à la fin du trimestre, mais après cela je reviendrai à Paris. Il y a tant de choses à voir.

(*Le décor est arrangé de sorte que le train semble entrer dans une station.*)

OLIVIER: Où sommes-nous?

(*Regardant au-dessus, où il y a un plan de la ligne.*)

Ah! Ce n'est que la Bastille.

GEORGES: Je vois 'Correspondance' ici.

MICHEL: Oui, c'est une correspondance avec la ligne 8, et aussi, je crois, avec la ligne cinq, mais je n'en suis pas sûr. La cinquième, c'est une ligne par laquelle je ne voyage pas souvent.

GEORGES: Je viens de dire qu'il y a tant de choses à voir à Paris—toute une quantité d'églises et de musées que je voudrais tellement visiter. Il me semble que même si j'étais ici pour longtemps, la ville, comme elle n'est pas trop grande, mériterait d'être connue à fond.

ALAIN: Parlé en vrai Parisien! Bravo!

GEORGES: Je suis sincère. J'admire beaucoup beaucoup Paris, et j'ai envie de revenir bien vite.

OLIVIER (regardant les affiches): Quelle affiche amusante!

ALAIN: Où?

OLIVIER: Là, devant nous.

GEORGES: C'est ici la gare de Lyon, la grande gare?

MICHEL: Oui. Pour aller au sud, pour gagner le Midi de la France. C'est une très grande gare. La prochaine fois que tu seras en visite chez nous, nous pourrons sortir d'ici et entrer dans la grande gare, mais pas aujourd'hui. Nous n'avons pas le temps.

ALAIN: Mes amis, nous n'avons pas encore décidé ce que nous allons faire d'abord, si nous allons visiter le château, le parc, ou le jardin zoologique.

OLIVIER: Moi, je voudrais aller en premier lieu aux jardins zoologiques, car les animaux prendront bientôt leur repas. On leur donnera quelque chose à manger, et c'est très intéressant de les voir.

ALAIN: Oui, c'est vrai. Ils sont beaucoup plus naturels, plus détendus, lorsqu'ils mangent. On peut les voir plus facilement.

MICHEL: Bon! Alors, c'est entendu? Nous sommes d'accord? Le jardin zoologique pour commencer? Et ensuite, après cela?

GEORGES: Je suggère le déjeuner.

ALAIN: Une très bonne idée. Puis, après le déjeuner, la visite du château.

MICHEL: Ça, tu la trouveras pleine d'intérêt, Georges. Il y a beaucoup beaucoup de peintures et de beaux meubles dedans, et il y a aussi de très bons guides. Il y en a un qui est ici depuis bien des années. Il est venu ici quand moi, j'étais bien petit. Tu trouveras l'histoire du château intéressante comme tout.

OLIVIER : Oui, et le parc sera très agréable l'après-midi quand il fait généralement un peu plus frais, bien plus agréable que pendant la grosse chaleur.

GEORGES (lisant) : 'Porte de Vincennes.' C'est ici qu'il faut descendre?

MICHEL : Mais non. On peut aller jusqu'au Château, et l'on peut descendre à la station Château de Vincennes. C'est la fin de la ligne, le terminus.

GEORGES : Très bien. Holà! Nous voici, Vincennes!

RIDEAU

DES ASTRONAUTES ATTERRISSENT

PERSONNAGES:
    Deux radioreporters
    Trois officiers
    Le capitaine de vaisseau
    Le chef de bord, chef de l'expédition
    Deux autres astronautes
    Huit reporters

Scène I

A la télévision. Au fond de la scène un énorme cadre qui représente un écran de téléviseur. Le radioreporter est à droite, un microphone devant lui.

LE 1ᵉʳ RADIOREPORTER: Ici on attend. Il fait toujours nuit, mais l'aube va poindre. Il fait si noir qu'on a quelque difficulté à voir le navire qui attend, mais on peut le voir tout de même, pas très distinctement, mais le voilà. Voilà un officier de la marine qui s'approche du bord du navire et regarde anxieusement avec des jumelles. Mais il faut attendre.

(Un officier va derrière le cadre.)

LE 2ᵉ RADIOREPORTER: Depuis quand êtes-vous ici, Jean?
LE 1ᵉʳ RADIOREPORTER: J'y suis depuis quatre heures du matin, heure française. On doit atterrir vers six heures. Les trois astronautes vont terminer leur tâche. Jusqu'à maintenant tout est allé comme l'ordinateur l'a supputé. On a allumé la rétrofusée, et l'on est en train de revenir à la

Terre à cinq mille kilomètres à l'heure.

LE 2e RADIOREPORTER : Combien de révolutions a-t-on faites?

LE PREMIER RADIOREPORTER : Vingt-deux.

LE 2e RADIOREPORTER : Formidable!

LE PREMIER RADIOREPORTER : Oui, sensationnel! Ah! Un autre officier est venu à côté du premier.

(*Un deuxième officier se met derrière le cadre à côté du premier.*)

Je vais en attendant expliquer ce qu'on va faire. Au moment où la capsule amerrira des hommes-grenouilles iront monter la garde pour contrôler que la capsule touche la mer la tête en haut et ne chavire pas.

LE 2e RADIOREPORTER : D'où les hommes-grenouilles plongeront-ils dans la mer?

LE 1er RADIOREPORTER : Ils n'y plongeront pas. Ils descendront doucement d'hélicoptère.

LE 2e RADIOREPORTER : Que feront-ils pour mettre la capsule en mer la tête en haut?

LE 1er RADIOREPORTER : Ils y mettront un col métallique qui la tiendra toute droite comme un I.

(*On entend le bruitage de musique.*)

LE 2e RADIOREPORTER : J'entends la musique.

LE 1er RADIOREPORTER : Oui, l'amérissage doit avoir bientôt lieu.

LE 2e RADIOREPORTER : Après la dépressurisation de leurs scaphandres, les astronautes devront attendre dans la capsule jusqu'à ce que les hommes-grenouilles aient attaché le col. Et alors, qu'est-ce qui va arriver?

LE 1er RADIOREPORTER : Dès que la cabine sera aussi dépressurisée les astronautes sortiront. On voit maintenant beaucoup plus clairement, plus facilement. L'atmosphère ici est claire, et il fait très très beau. On attend toujours et la musique joue—on joue des airs populaires et bien connus.

LE 2ᵉ RADIOREPORTER : On a monté le drapeau, je crois?

LE 1ᵉʳ RADIOREPORTER : Oui, en signe d'accueil. Le moment sensationnel approche.

(*Derrière le cadre on peut voir un drapeau maintenant élevé.*)

Ah! Enfin! On peut voir la capsule au loin. Je crois même qu'on peut la voir à l'écran. Oui, elle est visible. En haut, à gauche, une toute petite tache noire qui descend très vite. Voilà! Elle est descendue! Bien! Ils ont amerri! La musique continue, et l'on attend toujours. Pendant ces derniers moments il faut faire bien attention. La capsule ne doit pas amerrir renversée. Ce sera la tâche des hommes-grenouilles de la mettre d'aplomb. Dès que le signal sera donné, on ouvrira, et les astronautes sortiront. Les ingénieurs viendront d'abord, et le chef de bord le dernier. Ils seront transportés au canot gonflable d'où ils pourront être transférés sur le navire. Pendant l'attente, on jouera de la musique.

RIDEAU

Scène II

A bord du porte-avions. A gauche, deux rangées de marins. Devant eux, deux officiers. A droite, le pont. La musique joue toujours.

LE PREMIER OFFICIER (aux marins) : Attention!

(*Les astronautes entrent en scène, à droite.*)

LE CAPITAINE DE VAISSEAU (saluant) : Au nom de tous, je vous souhaite la bienvenue. Nous sommes tous heureux de vous voir revenus, votre mission accomplie.

LE CHEF DE L'EXPÉDITION (rendant le salut): Merci mille fois au nom de tout l'équipage. Nous aussi, nous sommes heureux d'avoir rempli la tâche qui nous avait été confiée. Nous sommes très sensibles à votre bon accueil et à la part que vous et votre équipage vous avez prise à notre retour sur la terre. Nous vous remercions de nous recevoir sur votre navire.

(*Les officiers et les astronautes passent devant les marins.*)

LE 3e OFFICIER (aux marins): Repos!

LE CAPITAINE DE VAISSEAU: Nous vous avons préparé un repas. J'espère que vous serez prêts à manger.

LE CHEF: Bien sûr, mon capitaine.

LE 2e ASTRONAUTE: Moi, j'ai grand'faim.

LE PREMIER OFFICIER: Tant mieux. Si vous voulez descendre dans la cabine, monsieur le commandant.

LE 2e OFFICIER: Après le repas, quels sont les détails du programme?

LE CHEF DE BORD: Nous allons d'abord accepter votre hospitalité, et prendre un repas—plus de repas enveloppés!

LE 2e ASTRONAUTE: Après cela, un peu de repos.

LE PREMIER OFFICIER: Vous êtes bien fatigués?

LE 2e ASTRONAUTE: Pas tant que ça, mais quand même on a envie de dormir. Dans l'espace, on n'a besoin que de deux ou trois heures de sommeil pour se retrouver frais et dispos, mais ici c'est plus difficile. On a besoin de huit heures au moins.

LE 2e OFFICIER: Et après le repas et le sommeil, quoi alors?

LE 3e ASTRONAUTE: Après cela il nous faudra tenir une conférence de presse.

LE CAPITAINE DE VAISSEAU: Ça c'est important. Il faut penser que vous êtes tous les trois des héros, et que des millions de gens vous écouteront et vous regarderont à la télévision et à la radio.

LE CHEF DE BORD :   C'est vrai. Et maintenant—en ce moment même je crois, on nous écoute et l'on nous regarde, n'est-ce pas?

(*Les officiers et les astronautes rient.*)

LE PREMIER OFFICIER :   En effet, oui. Quand est-ce que vous allez revoir votre femme, monsieur le commandant?

LE CHEF DE BORD :   Oh! après la conférence de presse, je crois. Elle viendra ici. On aura l'occasion de se voir un peu seul à seule avant notre départ d'ici.

LE 2e OFFICIER :   Que vous êtes heureux, vous tous! Vous avez de la chance!

(*Ils rient tous.*)

RIDEAU

Scène III

La conférence de presse. Au lever du rideau les trois astronautes sont assis sur l'estrade, derrière une table. Les reporters sont aux deux côtés en demi-cercle.

LE 1er REPORTER :   Est-ce que vous vous portez bien, et est-ce que vous n'avez pas eu d'ennuis de santé au cours de votre expérience spatiale?

LE CHEF DE BORD :   Oui, nous nous portons très bien maintenant—merci d'avoir posé la question! (Rires)—et nous avons été tous en bonne santé pendant le voyage entier.

UN 2e REPORTER :   Est-ce que vous avez trouvé que le carburant suffisait, ou est-ce que vous auriez voulu en avoir quelques kilos supplémentaires?

LE 2e ASTRONAUTE :   Non, il y en avait suffisamment, et nous n'avons eu aucune crainte. Il faut bien vous dire que les ingénieurs calculent et recalculent tout avec minutie.

UN 3e REPORTER :   Avez-vous trouvé, après la dépressurisation de la cabine, que vos scaphandres vous ont incommodés—qu'ils étaient encombrants ou trop lourds quand vous avez voulu sortir de la capsule?

LE 3e ASTRONAUTE: Non, parce que les scaphandres, eux aussi, sont rendus aussi légers que possible. Il est vrai qu'ils sont assez lourds, mais pas trop. On s'y habitue, vous savez.

UN 4e REPORTER: Je voudrais demander à Monsieur le Commandant à quoi il a pensé au moment de l'entrée dans l'atmosphère ou pendant l'atterrissage.

LE CHEF DE BORD: Mais j'ai pensé naturellement aux tâches nécessaires. On ne peut penser à d'autres choses. On a d'ailleurs confiance en ceux qui ont arrangé la vitesse de la capsule et aussi dans la capsule elle-même. On a tout perfectionné avant le départ et avant le compte à rebours.

UN 5e REPORTER: Est-ce que vos familles vous ont beaucoup manqué?

LE 2e ASTRONAUTE: Peut-être un peu, mais, vous savez, on est absent pendant la longue durée de l'entraînement, et de nos jours il y a moyen de parler depuis l'espace même!

UN 6e REPORTER: A quoi avez-vous pensé pendant les heures que vous avez passées dans l'espace?

LE 3e ASTRONAUTE: Comme vous a dit notre chef de bord, il y a tant de choses à faire qu'on n'a pas beaucoup de temps pour réfléchir. On n'est plus philosophe—il faut être pratique!

UN 7e REPORTER: Y a-t-il eu quelque chose que vous avez particulièrement remarqué?

LE 2e ASTRONAUTE: Oui, la beauté des cieux. On est conscient d'être dans l'espace, et l'univers est bien grand. On pense quelquefois à la petitesse de l'homme.

UN 8e REPORTER: Si vous aviez l'occasion, est-ce que vous voudriez revenir en orbite?

LE CHEF DE BORD: Pour ma part, si l'on me demandait de quitter encore une fois l'aire de lancement, et de me lancer dans l'espace, je le ferais volontiers.

LE 2ᵉ ASTRONAUTE : Moi, sans hésitation.

LE 3ᵉ ASTRONAUTE : Et moi, je serais naturellement encore plus content si je faisais partie du même équipage. C'est une expérience que j'aimerais bien répéter. J'espère qu'on aura besoin de moi.

RIDEAU

Scène IV

Dans la cabine du capitaine de vaisseau. On boit des tasses de café après la conférence de presse.

LE CHEF DE BORD : Qu'il est agréable de nous détendre un petit peu!

LE CAPITAINE : Oui, c'est si rare qu'on puisse le faire!

LE 2ᵉ ASTRONAUTE : Est-ce que je puis me permettre de vous remercier de notre excellent déjeuner, et de toute votre hospitalité, monsieur le capitaine?

LE CAPITAINE : Je vous en prie, monsieur. C'est un grand honneur pour nous que de vous avoir tous trois à bord.

LE 3ᵉ ASTRONAUTE : Mais c'est à nous de vous remercier, monsieur le capitaine, de votre hospitalité.

LE CAPITAINE : Vous aurez quelques heures à bord avant de partir. Voulez-vous aller faire le tour du navire, ou voulez-vous vous reposer un peu?

LE CHEF DE BORD : Moi, je voudrais bien faire le tour du navire. Je suis sûr que ce serait très intéressant.

LE CAPITAINE : Finissons d'abord de boire nos tasses de café. Et vous, messieurs, que voulez-vous faire?

LE 2ᵉ ASTRONAUTE : Mais nous vous accompagnerons, bien entendu, si vous le permettez.

LE 3ᵉ ASTRONAUTE : Moi, je voudrais bien voir le navire, monsieur le capitaine. Il me semble magnifique.

LE CAPITAINE : Il est dommage que vos enfants ne soient pas

avec nous. Vous en avez quatre, je crois, monsieur le commandant?

LE CHEF DE BORD: Oui, deux fils et deux filles. Mon fils aîné a quatorze ans et le cadet douze ans.

LE 2e ASTRONAUTE: Moi aussi j'ai quatre enfants, trois filles et un fils. Ça n'arrive pas souvent, mais si par hasard ils se disputent, mon fils est dans la minorité!

LE CAPITAINE: Qu'est-ce que veut devenir votre fils? Quel métier veut-il exercer?

LE 2e ASTRONAUTE: Oh, à l'heure actuelle il veut être astronaute, mais peut-être dans quelques années changera-t-il d'avis.

LE CAPITAINE: Et les filles?

LE 2e ASTRONAUTE: Oh, elles sont très petites. Elles ont quatre ans, sept ans et huit ans. La cadette joue toujours avec ses poupées, et Juliette, l'aînée, est une passionnée d'équitation. Elle passe toutes ses heures de loisir au manége.

LE CAPITAINE (au troisième astronaute):   Et vos enfants, monsieur, quel métier vont-ils exercer?

LE 3e ASTRONAUTE: Malheureusement, je n'en ai pas, mon capitaine. Mais comme je suis membre d'une grande famille, j'ai bien des nièces et des neveux. Une de mes nièces va se marier le mois prochain.

LE CAPITAINE: Et vous voici revenu pour la cérémonie. Vous avez fini votre café?

LE CHEF DE BORD: Oui, nous sommes prêts.

LE CAPITAINE: Sortons donc. Nous serons de retour dans une heure, mais si vous voulez, vous reviendrez ici à n'importe quel moment, n'est-ce pas? Nous sommes à votre entière disposition.

LE CHEF DE BORD: Merci bien, mon capitaine.

(*Ils vont sortir tous les quatre.*)

LE CAPITAINE: Après vous, monsieur le commandant.

RIDEAU

LES COWBOYS

PERSONNAGES :
   Quatre cowboys, Jeff, Hal, Jean, Jacques
   Un petit garçon, Pierre
   Une petite fille, Hélène
   Sa mère
   Son frère, Roland
   Un restaurateur
   Un employé du bureau de poste

Scène I

La scène représente la rue principale d'une très petite ville, pas très moderne. Les décors de l'arrière-scène montrent de petites boutiques, un bureau de poste, un magasin, un restaurant. A chaque boutique une porte donne sur les coulisses. Au dehors du restaurant, sur une terrasse, de petites tables et des chaises. Un laurier dans un tonneau à chaque bout de la terrasse. Le rideau se lève. Au lever du rideau, les quatre cowboys entrent à gauche. Ils sont à pied, leurs chevaux étant évidemment plus loin.

JEFF :   Ah ! C'est ici la ville !

HAL (criant) :   Nous voici. Holà tout le monde ! Nous voici !

JEAN :   On ne dit rien. La ville est morte. Il ne reste personne ici ?

JACQUES :   Holà (Silence.) Entrons donc dans le restaurant.

(Ils vont à la porte du restaurant. En même temps, le restaurateur vient des coulisses à la même porte.)

LE RESTAURATEUR: Bonjour, messieurs. Vous désirez?

JEFF: Nous avons soif—et faim. Apportez-nous quelque chose à boire et à manger.

LE RESTAURATEUR: Oui, monsieur. Mais quoi donc?

JEFF: N'importe quoi. C'est à vous de choisir. Cela nous est égal.

LE RESTAURATEUR (d'un ton troublé): Mais qu'est-ce que vous voulez boire, monsieur?

JEFF: De l'eau, s'il vous plaît.

LE RESTAURATEUR: De l'eau potable ou de l'eau minérale?

JEFF: De l'eau potable, s'il vous plaît. Peu importe. Et quelque chose à manger.

HAL: Moi, je prends de l'eau minérale.

LE RESTAURATEUR: Oui, monsieur. Tout de suite, monsieur. Voulez-vous avoir la bonté de vous asseoir?

(Les quatre cowboys essaient de s'asseoir, mais c'est un peu difficile. Ils portent les culottes de cheval, et des éperons à leurs bottes. Ils sont donc un peu gauches, Les chaises sont assez petites, et Jeff tombe par terre. Les autres se moquent de lui, en riant.)

HAL: Eh, Jeff, tu n'es plus capable de t'asseoir sur une chaise? Tu es trop longtemps en selle, sans doute!

JACQUES: Tes jambes sont engourdies, peut-être?

JEAN: Mais taisez-vous, tous les deux. Il est fatigué, n'est-ce pas? Et ces chaises sont vraiment bien petites!

JEFF: Pas du tout. Ce n'est pas la fatigue, c'est la faim qui m'afflige.

(A ce moment, le patron revient, un plateau à la main. Il met sur la table quatre verres vides, une carafe d'eau, une bouteille d'eau minérale, de la viande, du pain, des pommes de terre. Il met quatre couverts.)

LE RESTAURATEUR: Le pain est à discrétion, messieurs.

JEFF :   Merci, ça va. (Le restaurateur attend.) Laissez-nous.
C'est tout.

LE RESTAURATEUR :   Désirez-vous autre chose, messieurs?

JACQUES :   Mais vous avez entendu. Non, laissez-nous. C'est
tout.

> (*Les cowboys prennent leur repas très vite.*)

JEFF :   Où allons-nous maintenant?

JACQUES :   Moi, je veux envoyer une dépêche.

JEAN :   Une dépêche? A qui donc?

JACQUES :   A ma sœur. Elle habite une ville, pas loin d'ici.
Elle aura du plaisir à savoir que je suis en ville après ces
longs mois au ranch. Elle pourrait peut-être me rencontrer
ici.

HAL :   Oui. C'est une vie tout à fait différente de la nôtre.
Eh bien, voilà le bureau de poste. Tu peux y aller maintenant. Tu as fini ton repas? Oui? Vas-y. Nous t'attendrons
ici.

(*Jacques se lève, et sort de scène par la porte du bureau de
poste.*)

RIDEAU

Scène II

A l'intérieur du bureau de poste.

L'EMPLOYÉ :   Oui, monsieur? A votre service.

JACQUES :   Bonjour, monsieur. Je veux envoyer une dépêche,
s'il vous plaît.

L'EMPLOYÉ :   Voici la fiche qu'il faut remplir, monsieur.

JACQUES :   Mais moi, je n'écris pas très facilement. Voudriez-
vous la remplir pour moi?

L'EMPLOYÉ :   Oui, si vous voulez. C'est à qui, s'il vous plaît?

JACQUES :   A Madame Laurent.

L'Employé :   Et l'adresse?

Jacques :   6 rue Bigoudi, Troubville.

L'Employé :   Troubville. Oui?

Jacques :   Dites-lui que je suis ici et que, si elle vient vite, nous pourrons nous rencontrer.

L'Employé :   Oui. Voulez-vous lui donner votre adresse?

Jacques :   Pourquoi?

L'Employé :   Pour vous répondre, et aussi pour vous rencontrer.

Jacques :   Ah, oui. Nous serons à l'hôtel ici. Je crois qu'il n'y a qu'un seul hôtel.

L'Employé :   Oui, c'est vrai. Eh bien, je lui dirai 'L'Hôtel Bon Accueil.'

Jacques :   Merci. C'est combien, s'il vous plaît?

L'Employé : Je vous relis le télégramme :

'Madame Laurent, 6 rue Bigoudi, Troubville. Suis ici. Hôtel Bon Accueil. Veux-tu venir me rencontrer?'

Et votre nom, monsieur?

Jacques :   Jacques.

L'Employé :   Jacques. Voilà. Ça fera un, deux, trois, quatre ... seize mots. Deux francs quarante, s'il vous plaît.

Jacques :   Merci. Vous l'enverrez tout de suite?

L'Employé :   Certainement, monsieur. Mais oui, tout de suite.

Jacques :   Voilà trois francs.

L'Employé :   Merci, monsieur. Voilà votre monnaie. Au revoir, monsieur.

Jacques :   Merci à vous.

L'Employé :   Je vous en prie.

Jacques :   Au revoir, monsieur.

(Il sort à gauche.)

RIDEAU

Scène III

Dans la rue. Jean, Jeff et Hal sont toujours assis à la petite
table sur la terrasse du café-restaurant.

JEAN :   Qu'est-ce que je vois à la boutique?
JEFF :   Où?
JEAN :   Dans cette boutique—en vitrine. Tout cet attirail de
pêche. Quelle belle canne à pêche! Qu'elle est magnifique!
Je vais la regarder.
JEFF :   Vous n'attendez pas Jacques?
JEAN :   Je serai de retour dans un instant.

(*Il va à la devanture de la boutique et regarde l'étalage. Puis
il revient à ses camarades.*)

Attendez-moi, s'il vous plaît. Je vais acheter cette belle canne
à pêche. C'est formidable! Je veux absolument l'avoir.
JEFF (regardant Hal, qui sourit et lève les mains) :   Eh bien,
nous t'attendrons. Mais ne sois pas trop longtemps parti.
Jacques va revenir.
JEAN :   Non. Deux minutes alors!

(*Il sort par la porte devant la boutique.*)

RIDEAU

Scène IV

Jeff et Hal, toujours assis à la table, se regardent, regardent le
bureau de poste et la petite boutique et commencent à bâiller.

JEFF :   Oh! Je ne peux plus attendre! Je vais me promener
un petit peu. Tu veux m'accompagner?

HAL :　Mais il faut attendre les autres. Nous le leur avons promis.

JEFF :　Oui, mais ce n'est pas défendu de nous dégourdir les jambes! Allons nous promener près du bureau de poste, du restaurant et du magasin.

HAL :　D'accord. Il faut d'abord payer. (Criant à haute voix) : Garçon!

(Le restaurateur lui-même vient à la porte du restaurant.)

LE RESTAURATEUR :　Oui, monsieur.

HAL : L'addition, s'il vous plaît!

LE RESTAURATEUR :　Voilà, monsieur. Quatre viandes, quatre pommes de terre, une eau minérale.

(Hal lui donne de l'argent. Le restaurateur sort et revient presque tout de suite avec la monnaie sur une soucoupe qu'il met sur la table. Il attend.)

HAL :　Merci. Vous attendez. Vous voulez quelque chose?

LE RESTAURATEUR :　Non, monsieur. Non ... euh ... euh....

HAL :　Ah, nous partons. Au revoir.

(Il laisse quelques pièces de monnaie sur la soucoupe. Le restaurateur sourit.)

LE RESTAURATEUR :　Merci, monsieur. Merci beaucoup. Au revoir, messieurs. A la prochaine fois!

(Les deux cowboys se mettent à se promener. Soudain, une petite fille et son frère courent dans la rue. Ils sont en train de lire en courant, et ils se heurtent donc contre Hal. Leur mère, derrière eux, ne peut pas éviter la 'collision'.)

HAL :　Holà, mon petit! Où vas-tu si vite?

ROLAND :　Pardon, monsieur.

HÉLÈNE :　Pardon, monsieur. Nous ne vous avions pas vu.

HAL (Saluant très bas): Il n'y a pas de quoi, mademoiselle.

ROLAND: Mais, monsieur, pardon, mais vous êtes cowboy? Un vrai cowboy?

HAL: Oui, mon petit, je suis cowboy.

ROLAND: Vous portez les habits de cowboy. Vous habitez un ranch?

HÉLÈNE: Où, monsieur? Loin d'ici?

JEFF: Pas si vite, mes enfants. Nous habitons assez loin d'ici.

LA MÈRE: Excusez mes enfants, messieurs, je vous en prie. Ils vous gênent. Je vous demande pardon.

JEFF: Pas du tout, madame. Nous aimons bien les enfants.

ROLAND: Voulez-vous voir mon livre, monsieur?

JEFF: Je ne lis pas bien, mais ça me semble beau, ton livre.

ROLAND: Mais vous pouvez regarder les images, si vous voulez. Un cowboy!

HÉLÈNE (mettant sa main entre les mains de sa mère): Maman, ils sont cowboys, ces messieurs. Ils habitent un ranch!

LA MÈRE: Oui, mes enfants, mais vous gênez ces messieurs. (à Hal): Excusez-les, monsieur.

(*Jeff s'est assis au bord du trottoir, Roland à côté de lui, et ils regardent tous les deux les images du livre.*)

HAL: Je vous en prie, madame.

JACQUES (entrant par la porte au fond de la scène): Me voici. Je l'ai envoyée.

JEAN (revenant par la porte du magasin): Me voici. Je l'ai achetée.

HAL ET JEFF: Nous partirons donc. Bien.

ROLAND: Ne partez pas, monsieur. Le livre est fort long.

JEFF: Je crois bien, mais tu sais, mon petit, ta maman veut revenir, et c'est à toi d'accompagner ta mère et ta sœur.

ROLAND: Comme un cowboy?

JEFF : Tout comme un cowboy.

ROLAND : En tout cas, nous devons partir. Il fait presque noir. Au revoir, monsieur.

LES QUATRE COWBOYS : Au revoir, Madame. Au revoir, les enfants.

RIDEAU

ON JOUE DE LA GUITARE

PERSONNAGES:
  Martin
  Maurice
  Michel
  Antoine
  Marcel

La scène est au Club des Jeunes. Au centre, une estrade, où se trouvent Martin, Maurice, Michel et Antoine. A l'arrière-scène, un décor moderne. A gauche un petit bar, où l'on peut obtenir les eaux minérales, le thé, le café et les sandwichs. Marcel est derrière ce comptoir, et à gauche. A droite, les portes au premier plan. Des fenêtres à droite. Les jeunes gens sont évidemment membres d'un groupe. Ils jouent et ils chantent.

MARTIN (chantant):   Ah la la ... ah la la ... ah laaa laaa.
MAURICE (une guitare à la main):   C'est bien.
MICHEL (à la batterie):   Mais il faut aller plus vite.
ANTOINE (chantant et jouant de la guitare):   Ah l la, Ah l la, Ah la.

> (*On cesse de jouer et de chanter.*)

Qu'est-ce que tu as dit, Michel? Il faut aller plus vite?
MICHEL: Mais oui, mon cher ami. La musique lente—cela ennuie. Ça ne va pas du tout, la musique lente.
MAURICE: Tu crois? Mais il y a toute une musique classique pour la guitare. Il y en a qui est bien lente.
ANTOINE: Oui, mais imaginez-vous—au Club des Jeunes—la musique lente, digne et classique! Formidable!

MARTIN (d'un air pensif) : C'est peut-être une idée quand même. Si nous mettions au milieu du programme un morceau classique ça ferait un contraste avec la musique moderne! Vous ne pensez pas? Vous n'êtes pas d'accord?

ANTOINE (ironiquement) : Un beau contraste! Oui! Quel contraste!

(*Il joue quelques notes de sa guitare très lentement. Cela donne un effet lugubre.*)

MAURICE (tranquillement) : Tu joues très bien de façon orthodoxe, Antoine. Peut-être l'idée de Martin est-elle pourtant une inspiration. Ça pourrait être sensass. Ecoutez!

(*Il chante les notes qu'Antoine a jouées, puis il les rend d'une façon moderne, avec beaucoup d'adresse.*)

Vous entendez? C'est la même chose, mais c'est en même temps quelque chose de différent. Ça pourrait réussir. Essayons un morceau classique.

(*Il commence à chanter. Les autres jouent ou chantent un à un. On finit par jouer le morceau entier.*)

MARCEL : Bravo! Bis!

ANTOINE : Ce n'est pas mal, ça!

MARTIN : Tu ne veux pas dire qu'il a du mérite, le morceau classique?

ANTOINE : Mais oui. Il me plaît assez, celui-là.

MAURICE : Voulez-vous le répéter, tous?

ANTOINE : Oui, s'il vous plaît, le finale. Les vingt dernières mesures.

(*On reprend et répète le morceau.*)

MARCEL : Très bien! Très bien!

MICHEL : Maintenant, j'ai soif. Ayons un intermède. D'accord?

ANTOINE : Moi, je suis d'accord. Moi aussi, j'ai soif. Un café-crème, Marcel, s'il te plaît.

MARTIN : Pour moi, une citronnade, s'il vous plaît.

MICHEL : Moi, je prends de l'eau minérale, s'il te plaît.

MARCEL : Comme d'habitude?

MICHEL : Comme d'habitude.

MAURICE : Et pour moi, un café-filtre, s'il te plaît.

MARCEL : Bon. Et vous mangez quelque chose?

MARTIN : Moi, je prends un sandwich, s'il vous plaît, Marcel.

ANTOINE : Et moi, un croissant, s'il vous plaît.

MARCEL : Et pour vous, Maurice?

MAURICE : Rien, merci.

MARCEL : Et vous, Michel? Vous prenez quelque chose? De l'eau seulement? Rien à manger?

MICHEL : Rien, merci bien.

(Les quatre musiciens boivent et mangent. Marcel se sert. Il prend du thé.)

MARTIN : Vous buvez du thé, Marcel? Vous n'en avez pas l'habitude.

MARCEL : Non, mais il faut s'y habituer. La semaine prochaine les Anglais viendront.

MAURICE : Et tu crois, Marcel, que tous les Anglais boivent du thé? C'est une idée fausse. J'ai passé l'année dernière en Angleterre, et je t'assure que le nombre de jeunes gens qui boivent le thé, à mon avis à moi, a beaucoup diminué. Le matin surtout, ils prennent souvent du café au lait. Le café-filtre (indiquant le sien), ce n'est pas à leur goût. C'est un peu trop fort.

ANTOINE : Et le concert que nous allons présenter aux Anglais. Cela doit être un concert de musique classique ou de musique populaire?

MAURICE : Mais de la pop'music, comme on dit, bien entendu!

MARTIN :   Oui, mais je crois que le morceau que nous venons de jouer—celui-là leur plaira. Il y en a qui sont très sérieux. Et notre indicatif est moderne.

MICHEL :   C'est tout à fait vrai. Et de plus, pour faire un bon programme il faut offrir toute une variété de styles, la musique classique, populaire, sentimentale, intellectuelle, même romanesque !

ANTOINE :   Eh bien, on est prêt ? Tout le monde ?

MAURICE :   Oui, Antoine.

(Ils retournent à leurs places à l'estrade.)

ANTOINE :   Reprenons un morceau populaire. Un, deux, trois. . . .

(Ils jouent quelques mesures, puis Antoine s'arrête.)

ANTOINE :   Je crois que cette introduction à la chanson est beaucoup trop longue. Essayons encore une fois, n'est-ce pas ? Laissons tomber les deux premières mesures, oui ?

MAURICE :   D'accord.

(Ils recommencent, et Antoine et Martin chantent. Après quelques mesures, Antoine cesse de chanter.)

MICHEL :   Qu'est-ce qu'il y a cette fois, Antoine ?

ANTOINE :   Croyez-vous qu'on doive chanter plus lentement ces deux derniers vers ?

MARTIN :   Peut-être seulement le dernier.

ANTOINE :   Eh bien, recommençons.

(Ils chantent, et cette fois-ci, tout irait bien si Michel ne finissait pas un peu avant les autres.)

Qu'est-ce que tu as, Michel ? Tu es pressé ?

MICHEL (d'un ton exaspéré) :   Mais je t'ai déjà dit qu'il faut aller un peu plus vite. Notre auditoire ne sera pas âgé, voyons ! Ce seront des jeunes comme nous !

ANTOINE : Mais il faut jouer quand même comme il faut. Martin et moi, nous ne pouvons pas chanter comme si nous avions peur de rater le train.

MICHEL : Eh bien, veux-tu que je me taise?

ANTOINE : Non non, mais. . . .

MAURICE : Michel, si tu peux aller un tout tout petit peu moins vite, et Antoine, si tu peux te dépêcher un tout petit peu, tout finira par s'accorder.

ANTOINE (riant, et serrant la main à Michel) : Je te demande pardon, Michel. C'est entendu?

MICHEL : Mais je t'en prie.

ANTOINE : Eh bien—au commencement donc.

MARTIN : Au vrai commencement ou à la troisième mesure? Tu veux sauter les deux premières mesures?

ANTOINE : Oui. Merci de me l'avoir rappelé, Martin. Un, deux, trois. . . .

(Ils chantent et jouent. Cette fois-ci la chanson est terminée, et Antoine a l'air content, satisfait.)

MAURICE : Ça, c'est bien, mes amis. Cela plaira aux Anglais.

MARTIN : Je crois bien. Qu'en penses-tu, Michel?

MICHEL : Oui, ça va. Oh! Il est midi. Est-ce qu'on peut laisser ici les partitions, Marcel?

MARCEL : Oui. Personne ne les dérangera. Vous allez revenir après le déjeuner?

MAURICE : Oui. Maintenant, je vous paie les boissons, Marcel.

ANTOINE : Ce n'est pas à toi, Maurice, de les payer. C'est mon tour.

MARTIN : Chacun son tour! Tant mieux, hein?

MICHEL : Oui. (Riant) Heureusement que moi, je n'ai pris qu'une eau minérale!

MARTIN (mettant sa veste) : Je vois que ma veste est quelque peu décousue. Comment cela s'est-il fait, je me demande?

MAURICE: C'est une très petite déchirure. On ne la remarquera pas.

MARTIN: D'accord, mais je n'aime pas quand même être mal habillé. Je reviendrai chez moi. Ma mère raccommodera ma veste. Michel, veux-tu m'accompagner?

MICHEL: Je voudrais bien, mais c'est un peu loin. A quelle heure devons-nous rentrer?

ANTOINE: Vers deux heures.

MARTIN: Eh bien, nous prendrons le Métro. Je t'invite à déjeuner.

MICHEL: Mais qu'en dira ta mère? Cela pourrait la déranger.

MARTIN: Pas du tout. Tu es toujours le bienvenu chez nous, tu le sais. Viens avec moi.

MICHEL: Ça, c'est très gentil, Martin. J'accepte avec plaisir.

ANTOINE: Moi, je pense au programme. Si nous commençons par un morceau classique, si nous mettons un morceau classique au milieu, et puis si nous finissons par un morceau classique, cela fera un bon contraste. Qu'en pensez-vous, vous autres?

MAURICE: Cela me semble une très bonne idée, Antoine.

MARTIN: Moi aussi.

MICHEL (hésitant): Moi, je n'en suis pas sûr.

ANTOINE: Eh bien, nous verrons cet après-midi. (Mettant sa veste.) Nous recommencerons vers deux heures. Ça te donnera assez de temps, Martin?

MARTIN: Bien assez, merci. Nous prendrons le Métro. Voilà, Marcel. C'est pour la citronnade et les sandwichs.

(*Michel, Antoine et Maurice donnent aussi quelques pièces de monnaie à Marcel.*)

MARCEL: Merci, merci bien, tous.

ANTOINE: Tu restes ici, Marcel? Tu garderas nos instruments?

MARCEL: Oui, bien sûr. N'ayez pas peur. J'en prendrai bien soin. Je mettrai les guitares dans le placard. Mais je ne quitterai pas le Club. Je serai ici jusqu'à dix heures ce soir.

ANTOINE: Merci. Au revoir, Marcel.

MARCEL: Au revoir, Antoine. Au revoir, Michel et Maurice. Au revoir, Martin.

MICHEL: Au revoir, Marcel. A deux heures.

MAURICE ET MARTIN: Au revoir, Marcel. A bientôt.

MARCEL: Entendu. Au revoir.

RIDEAU

UN ÉLÈVE JOUE LE RÔLE DU PROFESSEUR

PERSONNAGES:

Smith		Henri
Green		Georges
Roberts		François
Williams	élèves anglais, qu'on appelle	Pierre
Etheridge	pendant la leçon de français	Philippe
Robinson		Gaston
Taylor		Denis
McKinnon		René
Jameson		Marc

Le professeur, Monsieur Simon

La scène se passe dans la salle de classe. La fenêtre est à droite, la porte à gauche. Au-delà de la porte, le tableau noir. Au milieu, la chaire du professeur. Derrière la chaire, les pupitres des élèves.

Au lever du rideau, les élèves sont tous assis. Le Professeur entre, et ils se lèvent tous.

LE PROFESSEUR: Bonjour, mes élèves.
TOUS: Bonjour, monsieur.
LE PROFESSEUR: Asseyez-vous. (Ils s'asseyent.)
   Aujourd'hui nous allons jouer. Henri, voulez-vous prendre le rôle du professeur, s'il vous plaît. Georges, vous serez un élève très intelligent. Vous saurez toutes les réponses. Henri, en tant que professeur, devra donner l'occasion aux autres de répondre. Vous comprenez?

GEORGES
HENRI } : Oui, monsieur.

LE PROFESSEUR : François, vous jouerez le rôle d'un élève ordinaire. Vous répondrez quand on vous parlera, mais autrement vous écouterez bien, et vous ne direz rien. C'est entendu?

(*Les élèves rient, car François est bavard.*)

FRANÇOIS : Oui, monsieur. Est-ce Henri qui va poser les questions?

LE PROFESSEUR : Bien sûr. Maintenant, qui veut jouer le rôle de l'élève stupide, bête, qui ne comprend rien et qui fait toutes les erreurs? (Silence.) Personne? Oh! voyons! Ce n'est qu'une petite comédie pour nous divertir.

(*Plusieurs élèves au premier rang se regardent et à la fin l'un d'eux lève la main.*)

Bravo, Pierre! Vous êtes courageux. Merci mille fois. Eh bien, moi, je vais m'asseoir au fond de la salle. Henri, venez ici, s'il vous plaît. Pendant un quart d'heure, moi, je ne parlerai presque pas. C'est à vous de prendre la parole.

HENRI : Avant de commencer, monsieur, puis-je parler à Georges?

LE PROFESSEUR : Mais certainement. La leçon est à vous.

(*Henri vient devant ses copains, faisant signe en même temps à Georges de le suivre. Le Professeur s'assied à un pupitre au fond de la salle de classe.*)

HENRI (à Georges) : Tu as le timbre de bicyclette que tu m'as montré ce matin?

GEORGES : Non, il est dans mon sac.

HENRI : Va le chercher, et tu le sonneras vingt minutes après le commencement pour indiquer la fin de la leçon. Tu es d'accord?

GEORGES: Bien sûr. A tout à l'heure.

(*Georges sort, et revient après quelques instants, le timbre de bicyclette à la main. Il va à sa place, met le timbre dans son pupitre, et s'assied. Henri va à la porte, sort, et rentre, en souriant, sa serviette sous le bras.*)

HENRI: Bonjour, mes élèves.
TOUS (se levant): Bonjour, monsieur.
HENRI: Asseyez-vous.

(*Tous s'asseyent, excepté Pierre, qui reste debout. Henri le regarde, les sourcils froncés.*)

Assieds-toi, Pierre.
PIERRE: Oui, monsieur. (d'un ton très doux.) Merci, monsieur.

(*Les autres rient.*)

HENRI: Qu'avez-vous? Hein? Silence, s'il vous plaît.

(*Les autres se taisent.*)

Nous allons commencer la leçon par une chanson, une chanson que vous connaissez tous. La moitié de la classe près de la fenêtre, vous chanterez les couplets, et nous chanterons tous le refrain.

(*Pierre lève la main.*)

Oui, Pierre, qu'est-ce qu'il y a?
PIERRE: Monsieur, je ne peux jamais chanter. Je chante faux.

(*Denis lève la main.*)

HENRI: Oui, Denis?
DENIS: J'ai apporté aujourd'hui ma guitare. Est-ce que je pourrais chanter les couplets?

HENRI: Ça, c'est une bonne idée. Mais quelle chanson vas-tu chanter?

DENIS: Oh, une chanson bien connue. Ce doit avoir pas mal de couplets.

PIERRE: Mais, monsieur, je chante faux!

HENRI: Eh bien, ne chante point! Denis, nous allons essayer ta chanson.

(Denis commence à jouer de la guitare, et il chante assez mélodieusement. La classe chante le refrain à tue-tête. Les élèves ne s'harmonisent pas très bien, mais Denis continue à chanter. Après une deuxième strophe, Henri intervient.)

Oh! Vous n'êtes vraiment pas de bons chanteurs!

PIERRE: C'est ma faute, monsieur. Moi, j'ai chanté!

HENRI (un peu impatiemment): Eh bien, je vais continuer la leçon. Denis, merci d'avoir joué de la guitare. Pose-la maintenant, s'il te plaît. Nous allons travailler les verbes.

(On entend un rire.)

Qui a ri? (Philippe lève la main.) Philippe, viens ici, s'il te plaît.

(Philippe s'approche d'Henri.)

HENRI (sévèrement): J'ai honte de toi. Tu resteras ici ce soir en retenue après la classe, et nous verrons comment tu t'en sors avec les verbes.

(Les autres élèves sourient.)

PHILIPPE: Oui, monsieur. Puis-je revenir à ma place, monsieur?

HENRI: Oui, va à ta place.

PHILIPPE: Merci, monsieur. (Il va à sa place et s'assied.)

HENRI: Continuons. Répétez tous le présent de l'indicatif du verbe 'pouvoir'.

TOUS (ensemble): Je peux, tu peux, il peut, nous pouvons, vous pouvez, ils peuvent.

HENRI: C'est très bien. Et le futur du verbe 'courir'.

(Brouhaha. Cris de 'Non, c'est trop difficile!' 'Oh, mais non!')

HENRI: Silence!

(Il frappe sur la chaire. Les autres regardent leur professeur, Monsieur Simon, au fond de la salle, mais il ne dit rien. Peu à peu, les élèves se taisent.)

Gaston, venez au tableau noir. Vous remarquerez tous que je ne vous tutoie plus. (Sévèrement.) Je ne suis pas du tout content de vous.

(Gaston vient au tableau noir.)

Ecrivez la date au tableau noir.

(Gaston écrit 'mardi, le cinq mai'.)

Bien. Répétez tous: 'Il vient au tableau noir. Il écrit la date.'

TOUS: Il vient au tableau noir. Il écrit la date.

HENRI: Gaston, que faites-vous?

GASTON: Je viens au tableau noir. J'écris la date.

HENRI: Retournez à votre place.

GASTON: Oui, monsieur. (Il retourne à sa place.)

HENRI: Que fait-il, tout le monde?

TOUS (criant à tue-tête): Il retourne à sa place!

HENRI: Plus doucement, s'il vous plaît. Répétez.

LES ÉLÈVES (plus bas): Il retourne à sa place.

HENRI: Que faites-vous, Gaston?

GASTON: Je retourne à ma place.

HENRI: Denis, ouvrez votre pupitre.

(Denis l'ouvre.)

Denis, que faites-vous?

DENIS: J'ouvre mon pupitre.

HENRI: Très bien. (A la classe.) Que fait-il?

LES ÉLÈVES: Il ouvre son pupitre.

HENRI: René, ouvrez votre serviette.

(René l'ouvre.)

René, que faites-vous?

RENÉ: J'ouvre ma serviette.

HENRI (à la classe): Que fait-il?

LES ÉLÈVES: Il ouvre sa serviette.

HENRI: Gaston et Denis, venez ici. Allez à la porte. Ouvrez-la.

(Les deux élèves ouvrent la porte.)

Que font-ils?

LES ÉLÈVES: Ils vont à la porte. Ils ouvrent la porte.

HENRI: Pierre, venez ici et écrivez cela au tableau noir.

(Pierre écrit: 'ils ouvre la porte.' Tous les élèves lèvent la main.)

Oui, qu'est-ce qu'il y a? François, qu'est-ce qu'il a fait, Pierre?

FRANÇOIS: Il a fait une erreur, monsieur. Ce doit être 'Ils ouvrent la porte o-u-v-r-e-n-t-'.

HENRI: Oui, c'est ça. Vous avez fait une erreur, Pierre. Corrigez-la, s'il vous plaît.

(Pierre corrige ce qu'il avait écrit.)

HENRI: Qu'est-ce que Pierre prend pour écrire au tableau noir, Marc?

MARC: Il prend la craie, monsieur.

HENRI: Oui, et vous, pour écrire dans votre cahier, qu'est-ce qu'il vous faut?

MARC :   Il me faut un crayon ou une plume, monsieur.

HENRI :   Bien. Pierre, qu'est-ce qu'il lui faut?

PIERRE :   Il lui faut une plume, de l'encre et le cahier.

HENRI :   Mais non. Vous n'avez pas fait attention! Répétez ce que les autres ont dit.

PIERRE :   Mais monsieur, ils n'ont pas raison.

HENRI :   Si, Pierre ils ont raison. Il lui faut ... ?

PIERRE :   Un crayon ou une plume.

(A ce moment, on entend le son d'un timbre de bicyclette. C'est Georges qui sonne.)

HENRI :   Ah, voilà la cloche qui sonne, et c'est la fin de la leçon. Fermez vos livres, tout le monde, mettez-les dans vos cartables, et silence!

(Quand tout le monde est prêt, Henri continue.)

Mettez-vous en rangs. Allez à la porte. Sortez en rang, s'il vous plaît, et très doucement.

(Les élèves vont à la porte.)

Merci, messieurs. Au revoir, messieurs.

LES ÉLÈVES :   Au revoir, monsieur.

(Ils commencent à sortir, et Monsieur Simon se lève.)

MONSIEUR SIMON :   Voilà. Revenez dans la salle, tout le monde, et asseyez-vous. Nous allons maintenant discuter votre leçon. Marc, la parole est à vous. Pour la durée de cette discussion, vous prendrez le rôle du professeur, s'il vous plaît.

(Marc prend sa place devant la classe, et le professeur s'assied encore une fois au fond de la salle parmi les élèves.)

MARC :   Eh bien, que pensez-vous d'Henri en tant que professeur?

(Plusieurs élèves se lèvent la main.)

Oui, René, qu'en pensez-vous?

RENÉ: Il me semble que nous avons fait un brouhaha quand Henri a suggéré la répétition du futur du verbe 'courir'. Cela n'arriverait jamais pendant nos leçons de français.

MARC: Ça, c'est vrai. Qu'est-ce que vous avez à dire à ce sujet, Henri?

HENRI: Bien entendu, j'ai été chahuté. C'est parce que je suis un élève. Tout le monde le sait. Vous auriez dû me traiter en professeur pendant la durée de la pièce, pas en copain.

MARC: Oui, François, qu'est-ce que vous avez à dire?

FRANÇOIS: Ce n'est pas de notre faute à nous, Marc.

MARC: Il ne faut pas me parler ainsi, n'est-ce pas?

FRANÇOIS: Oh, pardon, je voulais dire 'monsieur'.

HENRI: Mais est-ce ma faute?

GASTON: Henri a raison. Nous n'aurions pas agi de la sorte dans le cours de Monsieur Simon. Nous avons ri et nous avons protesté.

MARC: Qu'en pensez-vous, Georges?

GEORGES: Non, c'est vrai, nous n'avons pas été sages avec Henri, mais nous le sommes toujours avec Monsieur Simon.

MARC: Oui, mais pourquoi?

LE PROFESSEUR (se levant et venant devant la classe): C'est un peu embarrassant pour moi, vous savez. Je me suis assis parmi vous, mais vous me considérez toujours comme professeur. Comme chacun le sait, le respect c'est le premier élément d'un bon cours. Pour apprendre il faut bien écouter.

PIERRE (levant la main et parlant en même temps): Monsieur, je voudrais poser une question, s'il vous plaît.

LE PROFESSEUR : Certainement, Pierre, mais souvenez-vous que la pièce est finie. Ce doit être une question raisonnable.

PIERRE : Je voudrais savoir s'il faut toujours répéter une phrase complète quand on répète. Je ne l'ai pas fait en disant 'Un crayon ou une plume', quand Henri m'a demandé avec quoi on écrit dans un cahier. Est-ce que j'aurais dû dire 'Il lui faut un crayon ou une plume?'

LE PROFESSEUR : Cela dépend des circonstances. Quand on commence à apprendre une langue étrangère il faut répéter autant que possible, mais, bien entendu, après quelque temps on peut employer une tournure plus naturelle, comme dans la langue maternelle.

(A ce moment la cloche sonne.)

Eh bien, Marc, retournez à votre place. Je crois que, après tout, Henri n'a pas mal joué son rôle. Mes félicitations, Henri, et la prochaine fois la parole sera à Gaston. Maintenant, messieurs, sortez très doucement s'il vous plaît, et à la file. Au revoir, mes enfants.

LES ÉLÈVES : Au revoir, monsieur.

RIDEAU

ON EST DANS LA CUISINE!

PERSONNAGES:

Madame Marie Portier

Colette, 17 ans ⎫
Martine, 17 ans ⎬ ses filles, sœurs jumelles

Germaine, 14 ans, sa fille

Yvonne, 12 ans, sa fille cadette

Scène I

Au lever du rideau, Madame Portier est assise dans un fauteuil dans le salon. A côté d'elle, un guéridon. A droite, une fenêtre. A gauche, la porte. Colette et Martine entrent.

COLETTE: Bonjour, Maman. Tu as bien dormi?

Mme PORTIER: Oui, mon enfant, très bien, merci, et toi?

COLETTE: Comme toujours, merci.

MARTINE: Bonjour, Maman. (Bâillant) Oh, moi, j'ai sommeil. As-tu entendu le tonnerre pendant la nuit? Moi, j'avais peur! Et comme il a plu!

Mme PORTIER: Ça veut dire que toi, tu n'as pas bien dormi?

MARTINE: Si, assez bien après l'orage, mais je suis quand même fatiguée.

Mme PORTIER: Pauvre enfant!

COLETTE: Maman, je viens de dire à Martine que ce serait une bonne idée si, aujourd'hui, comme nous avons congé, tu te reposais, et nous, nous préparions les repas pendant toute la journée, y compris le dîner.

Mme PORTIER: C'est vraiment une idée charmante. Mais

que ferai-je, moi, pendant que vous, vous faites tout le travail?

MARTINE: Tu pourrais sortir, si tu veux faire tes courses ou faire du lèche-vitrine. Il fait très beau maintenant. Cela te serait agréable, je pense.

Mme PORTIER: Mais oui, ma petite, si vous pouvez vous débrouiller sans moi ici, je suis d'accord. Est-ce que vous voulez préparer le déjeuner?

COLETTE: Mais oui. Il faut commencer tout de suite les préparatifs, n'est-ce pas?

Mme PORTIER: Dès maintenant.

MARTINE: Est-ce que je pourrai faire un gâteau?

Mme PORTIER: Ça dépend, ma chérie. Il n'y a qu'un seul four.

COLETTE: Mais Martine ne prendra pas toute la place dans le four.

Mme PORTIER: Par exemple! J'espère que non! C'est plutôt le gâteau qui prendra la place!

COLETTE: Oh, Maman, tu comprends bien ce que je voulais dire!

Mme PORTIER: Oui, je comprends bien, ma petite. Mais il faut d'abord penser à tout ce que vous allez faire cuire, toutes les quatre, car la grandeur du four n'est pas la seule considération—il faut aussi penser à la température.

MARTINE: Ah, cela, je l'avais oublié.

COLETTE: Moi aussi. Est-ce que tu as un plat préféré que nous pourrions préparer, Maman?

Mme PORTIER: Eh bien, voyons! Si nous arrangions maintenant le déjeuner—peut-être si je reviens à temps pour le dîner je vous aiderai à le préparer. Vous êtes d'accord?

COLETTE: Attendons jusqu'à six heures du soir—nous verrons alors, n'est-ce pas, maman? Ça va dépendre de ce que nous arrivons à faire dans la journée.

Mme PORTIER: Oui. A six heures, nous saurons si vous êtes

fatiguées ou non après vos efforts. Eh bien, Colette, qu'est-ce que tu vas servir pour commencer, à midi?

COLETTE: De la soupe, crois-tu?

MARTINE: A midi? Est-ce qu'il ne faut pas beaucoup de préparatifs pour faire cuire de la soupe? Je crois que nous n'aurons pas le temps. Ne vaut-il pas mieux laisser cela pour le dîner, et prendre soit des hors-d'œuvre soit du jus de fruit pour commencer le déjeuner?

Mme PORTIER: C'est bien de faire attention à ces choses-là, ma petite! Une bonne cuisinière arrange toujours les repas de cette façon-là.

COLETTE: Et qu'est-ce qu'on va prendre pour suivre? Quelque chose de bien simple, pas trop recherché, je vous prie.

MARTINE: Des omelettes? Ou du rôti?

Mme PORTIER: Eh bien, ne me le dites pas. Comme cela ce sera une surprise, n'est-ce pas? Vous pouvez toutes les deux entrer dans la cuisine. Allez chercher d'abord Germaine et Yvonne, et demandez-leur si elles veulent vous aider. Je crois que cela les intéresserait. Si vous avez besoin d'argent pour faire les courses avant de commencer, je vous en donnerai. Mais dites-moi le prix des choses que vous achetez, et je vous dirai ensuite si vous êtes de bonnes ménagères ou non.

COLETTE: Bien entendu. Merci beaucoup, beaucoup, maman.

MARTINE: Si Maman sort, nous pourrons peut-être partir ensemble.

Mme PORTIER: Oui, si tu veux, Martine, mais je ne me mêlerai pas de vos achats. C'est à vous deux, les aînées, d'acheter ce dont vous aurez besoin. Je crois d'ailleurs que moi, je dois rester ici jusqu'à votre retour, à cause de Germaine et Yvonne. Je ne veux pas les laisser seules dans l'appartement. Et je suggère que nous mangions aujourd'hui à une heure.

MARTINE :   Parfaitement d'accord, Maman. Eh bien, Colette, à la cuisine pour faire la liste de ce qu'il faut acheter, n'est-ce pas?

COLETTE :   Allons d'abord consulter Germaine et Yvonne. A tantôt, Maman.

RIDEAU

Scène II

A la cuisine. Au centre de la scène une grande table. A droite, le fourneau, à gauche, l'évier. Au fond, un grand buffet et un garde-manger. Les quatre fillettes sont déjà assises à la table.

COLETTE :   Qu'est-ce que tu proposes pour commencer le repas, Martine?

MARTINE :   J'ai pensé à des hors-d'œuvre, ou au jus de fruit, mais j'ai une autre idée—le melon ou les crudités.

COLETTE :   Les crudités et les hors-d'œuvre, ça prend beaucoup de temps à faire les préparatifs. Il faut bien laver et râper les légumes.

MARTINE :   Eh bien, le jus de fruit ou le melon, pourquoi pas?

COLETTE :   Oui. Germaine, écris 'melon' pour commencer ta liste.

(Germaine écrit sur une feuille de papier.)

MARTINE :   Ecris aussi 'une bouteille de jus d'orange'— rappelons-nous qu'il ne faut pas acheter du sirop, mais du jus naturel.

GERMAINE :   Sucré?

MARTINE :   Sans sucre.

YVONNE :   Faut-il mettre du gingembre au-dessus du melon?

COLETTE : Oui, ça améliore le goût. Seulement, ça coûte plus cher.

MARTINE : C'est combien, le melon, à présent?

COLETTE : Oh, je ne sais pas. Trois francs peut-être?

MARTINE : Et si nous achetons au marché—en y allant le plus vite possible, peut-être deux francs cinquante.

GERMAINE : Pourrons-nous aller au supermarché?

COLETTE : On verra. Je crois que non. Je crois que rue de Naples on vend moins cher, mais on va voir. Finissons d'abord notre menu, n'est-ce pas?

GERMAINE : Est-ce qu'un seul melon suffit pour nous, toutes les cinq?

MARTINE : Eh bien, si nous en achetons deux, il y en aura pour Maman pour demain quand elle sera seule pour le déjeuner.

COLETTE : Oui. Germaine, écris 'deux melons', s'il te plaît.

GERMAINE : Deux melons et une bouteille de jus d'orange.

(Elle écrit.)

MARTINE : Un entremets à la suite?

COLETTE : Oh non, Martine. Nous avons très peu de temps. Faire cuire un entremets, ça c'est difficile. D'ailleurs, ce n'est pas nécessaire ... et si tu veux enfourner un gâteau....

MARTINE : Parfaitement. Pas d'entremets donc.

COLETTE : Du rôti ou des omelettes après, qu'en penses-tu?

MARTINE : Le rôti est plus facile. Mais il prendra plus de temps à faire cuire, et le four doit être assez chaud, tandis que pour faire cuire le gâteau il doit être à four moyen, ou, s'il est grand, même doux ou presque doux. Par contre, faire cuire cinq omelettes pour servir en même temps c'est un problème.

COLETTE : Mais on peut faire très vite les omelettes. Moi, je crois qu'elles sont plus faciles à faire cuire que la viande. La viande ... oh non, Martine.

MARTINE: Tu as raison. Germaine—écris 'une douzaine d'œufs' sur ta liste.

GERMAINE: Une douzaine d'œufs. Oui, et le beurre?

COLETTE: Il y en a dans le frigidaire.

MARTINE: C'est décidé donc—des omelettes. Aux fines herbes, au jambon, au fromage?

COLETTE: Au fromage, peut-être. Cela plaira à Maman.

YVONNE: Moi, je préfère une omelette aux fines herbes.

MARTINE: Eh bien, ma petite, va voir dans le garde-manger s'il y en a assez.

YVONNE (allant chercher les fines herbes): Non. Il faut en acheter.

GERMAINE: J'écris 'des fines herbes'.

COLETTE: Et pour les légumes?

MARTINE: Des épinards, du chou, de l'oseille, un mélange de carottes et d'oignons. Qu'en pensez-vous?

COLETTE: Je suggère d'abord des pommes de terre en robe de chambre. C'est très facile. On n'a qu'à les laver. Rien d'autre à faire et cela ne prend pas longtemps.

MARTINE: C'est entendu. Très bonne idée, Colette. Mais tu as laissé de côté la question du second légume.

GERMAINE: Crois-tu que ce soit nécessaire?

YVONNE: Mais oui, Germaine. Maman nous sert toujours deux légumes.

COLETTE: Les épinards sont difficiles parce qu'il faut les laver très soigneusement et il ne faut en servir que les feuilles.

MARTINE: Et l'oseille il faut passer au tamis. Moi, je crois qu'un mélange de carottes et d'oignons ira très bien avec les omelettes.

COLETTE: Oui, cela ira à merveille. Bien, Germaine, écris sur ta liste un kilo de carottes et deux kilos d'oignons.

YVONNE: Tu as oublié les pommes de terre.

COLETTE : En effet, je les avais oubliées. Ecris 'deux kilos de pommes de terre', Germaine.

GERMAINE : Est-ce que nous devons apporter toutes ces choses dans nos cabas? Ce sera très lourd.

MARTINE : Mais nous prendrons deux paniers à provisions, et Colette et moi, nous porterons tout. Vous deux, Germaine et Yvonne, vous n'aurez rien à porter jusqu'ici.

YVONNE : Si au lieu des carottes et des oignons nous avions des fèves sèches, vous auriez moins à porter—elles sont très légères, les fèves sèches et déjà décortiquées.

COLETTE : Oui, mais il faut les tremper préalablement, pendant des heures—même pendant la nuit précédente.

GERMAINE : Et qu'est-ce qu'on va manger comme dessert?

YVONNE : Une compote de fruits peut-être?

COLETTE : Des meringues à la crème?

MARTINE : Une crème au chocolat.

GERMAINE : Il faut choisir. Dois-je mettre des bananes, des abricots, des pêches, des pommes, des raisins ou encore une douzaine d'œufs, de la crème, du sucre, du chocolat?

COLETTE : Germaine a raison. Il faut choisir.

MARTINE : Moi, je suggère des fruits crus comme dessert. Il y a déjà sur le buffet des pommes, des pêches, et des raisins. Si nous ajoutions peut-être quelques bananes? Et puis nous pourrons offrir pour finir un petit peu de fromage.

COLETTE : Entendu. Les bananes—nous allons voir. Ça coûte cher à présent.

GERMAINE : Je n'ai donc rien à ajouter? Il y a assez de fromage sur le buffet.

COLETTE : Mais rappelle-toi que nous allons offrir à Maman une omelette au fromage.

GERMAINE : C'est vrai. Mais pour cela tu peux te servir du parmesan. Il y en a un demi-bocal dans le garde-manger. Ai-je tout écrit? Que veux-tu, Martine, pour le gâteau?

MARTINE: De la farine, du beurre, un citron, c'est tout.
Merci. C'est donc fini? Nous avons tout décidé?

COLETTE: Oui. C'est tout. Allons chercher nos manteaux et
sortons faire les courses.

RIDEAU

Scène III

Dans la cuisine. Colette bat les œufs. Martine prépare les
pommes de terre, Germaine verse le jus d'orange dans des
verres, et Yvonne épluche les oignons.

YVONNE: Que ça me fait mal! Je pleure! Que je pleure!

(*Elle s'essuie les yeux.*)

COLETTE: Laisse-moi faire. Toi, tu peux battre les œufs,
mais bien fort et pendant au moins dix minutes.

MARTINE: Laisse-les sur la table, Yvonne. J'en aurai besoin
pour le gâteau.

YVONNE (prenant le bol à Colette):   Je ne sais pas ce qui est
plus difficile—battre les œufs ou éplucher les oignons.

COLETTE: Regarde. Moi, je vais mouiller d'abord le couteau
sous le robinet, et les mains aussi—comme ça—et tu verras
que je ne pleurerai pas. Ce n'est pas vraiment l'odeur des
oignons sur le couteau qui fait pleurer—c'est l'odeur qui se
trouve sur les mains.

GERMAINE: J'ai rempli les verres. Que dois-je faire maintenant, Martine?

MARTINE: Si tu veux bien apporter et mettre sur la table
les ingrédients pour faire le gâteau.

GERMAINE: Oui, tout de suite.

(*Elle ramasse la farine, le beurre, le citron et des œufs.*)

YVONNE: Il ne faut pas prendre ces œufs-ci, Germaine. Ils

sont pour les omelettes. Va en chercher quelques-uns dans le frigidaire.

GERMAINE : D'accord. J'y vais.

(Elle prend deux œufs.)

Oh! J'en ai plein les mains. Je ne peux pas fermer le frigo.

COLETTE : Mets les œufs en dessus, puis ferme-le.

(En essayant de faire les deux choses en même temps, Germaine laisse tomber un œuf, qui se casse sur le plancher.)

GERMAINE : Oh! L'œuf! Il est tombé sur le plancher! Il s'est cassé!

MARTINE : Ma petite Germaine, il n'est pas tombé. C'est toi qui l'a laissé tomber, n'est-ce pas?

COLETTE : N'en parlons plus. Prends en un autre, Germaine. Ne t'inquiète pas. Cela arrive à tout le monde.

MARTINE : C'est vrai. Il va sans dire qu'il n'existe pas une seule ménagère qui n'ait jamais laissé tomber et casser un œuf.

(Elle rit, et toutes les quatre enfants pouffent de rire.)

COLETTE : Yvonne, sois gentille. Aide Germaine à essuyer l'œuf, à enlever la tache du plancher, et nettoie-le un peu pour qu'il soit propre.

MARTINE : Revenons à nos moutons—ou plutôt à nos omelettes! Moi, je vais faire le gâteau.

(Tandis que les autres continuent leur travail, Colette coupe les légumes en rondelles et les met dans une casserole. Martine commence à préparer le gâteau.)

Voyons—d'abord le sucre et le beurre.

(Elle les met dans un bol et les bat. Elle chante.)

COLETTE : Tu es heureuse!

MARTINE :   Mais oui. Je me demande ce que fait Maman en ce moment-ci.

YVONNE (qui a fini de nettoyer le plancher):   J'ai enlevé toutes les taches d'œuf. Maman? A l'heure actuelle elle aura peut-être acheté une nouvelle robe, ou un nouveau chapeau ou des gants.

GERMAINE :   Des gants, non. Elle a acheté des gants quand je l'ai accompagnée samedi dernier.

MARTINE :   La farine (Elle la met dans un bol) Les œufs— dois-je les séparer avant de les battre, Colette, sais-tu?

COLETTE :   Pas pour un gâteau à l'anglaise comme celui-là. Non, ce n'est pas la peine. Mélangez-les peu à peu à la farine.

MARTINE :   Oui. Yvonne, veux-tu me préparer le plat, s'il te plaît?

YVONNE :   Avec grand plaisir. Un plat creux ou une terrine, Martine?

MARTINE :   Un plat, et beurré, s'il te plaît.

YVONNE :   Entendu. Je dois me laver les mains d'abord.

(Elle se lave les mains.)

Où est la serviette? Je ne la vois pas.

GERMAINE :   Elle était là. Oh! tu ne la trouves pas. Mais où est-elle?

YVONNE :   J'ai les mains toutes mouillées. Oh! Aide-moi! Dépêche-toi!

GERMAINE :   Un peu de patience. Ah! La voici! Comment s'est-elle trouvée là, sur la table? Ah! Je me rappelle— après avoir laissé tomber l'œuf, je m'en suis servi pour m'essuyer les mains avant de fermer le frigo, afin d'éviter de le salir.

(En parlant elle a passé la serviette à Yvonne, qui s'est séché les mains.)

MARTINE :   Voilà! Je n'ai qu'à râper et qu'à ajouter le citron—le jus et le zeste, et c'est fini. Mais Yvonne, (d'un ton décu) le moule, je veux dire le plat, tu ne l'as pas préparé?

YVONNE :   Comme dit Germaine—un peu de patience, Martine. Le voici.

(Martine finit ses préparatifs et met le gâteau dans le four.)

COLETTE :   Il n'y a maintenant que les omelettes. Allons mettre le couvert. Quelle heure est-il?

GERMAINE :   Il est une heure moins dix.

COLETTE :   Et j'entends la porte d'entrée. C'est Maman qui revient.

MARTINE :   Très bien arrangé, n'est-ce pas? Quand nous aurons mis le couvert et que nous nous serons lavé les mains, tout sera prêt. Maman sera contente. Nous prendrons le déjeuner vers une heure et quart.

COLETTE :   Ce n'est pas mal, ça. Nous avons fait les courses et fait cuire le déjeuner—le tout en trois heures!

MARTINE :   Et moi, j'ai fait cuire un gâteau.

YVONNE :   Il y a une seule chose qui manque.

COLETTE :   Qu'est-ce que c'est?

GERMAINE :   Tu dois rester à la cuisine, ma chère Colette. Tu ne t'es pas rappelé que chaque omelette doit être servie immédiatement. On ne peut pas les réchauffer.

MARTINE (une expression de consternation sur son visage, mettant la main à la bouche) :   C'est vrai, Colette! Je n'y avais pas pensé. Tu devras te mettre à table après le commencement du repas!

COLETTE (riant) :   N'importe! Allez chercher Maman. Moi, je ferai cuire très vite les omelettes, et vous verrez que vous n'aurez pas longtemps à attendre. Je servirai d'abord Maman. Ce sera un grand plaisir que d'être la cuisinière.

MARTINE :   Tant mieux, Colette. Mais moi, je t'aiderai. Je

serai serveuse, si vous, Germaine et Yvonne, vous allez
chercher Maman. Comme ça ce sera plus vite fait.

COLETTE :   Et ton gâteau. Ne l'oublie pas.

MARTINE :   Non, Colette. Il sera prêt à sortir du four après
le déjeuner.

GERMAINE :   C'est donc tout arrangé? Il faut chercher
Maman?

COLETTE :   Oui, ma petite. Tout est prêt. Bon appétit!

RIDEAU

ON MANQUE LE TRAIN!

PERSONNAGES:
  Andrée
  Annette
  Germaine

Scène I

Au lever du rideau la scène est vide. A l'arrière-plan, un décor qui représente l'extérieur d'une gare. Les trois jeunes filles entrent à droite. Annette tient un grand sac, des livres et un grand paquet.

ANDRÉE: Mais, dépêche-toi, Annette. Nous allons manquer le train!

ANNETTE: Je ne peux pas aller plus vite. J'ai tant de choses à porter.

GERMAINE: Annette, si nous ratons le train, nous devrons attendre trois heures. Essaie de marcher plus vite, je t'en prie.

ANNETTE (soufflant et haletant):   Je fais de mon mieux. A quelle heure part le train?

ANDRÉE: A onze heures précises. Nous n'avons qu'une minute pour monter la côte.

GERMAINE: Moi, je vais en avant. J'achèterai les billets.

ANDRÉE: Merci. Trois—aller et retour—à prix réduit pour la journée s'il est possible.

GERMAINE: Entendu. Je file!

(*Elle commence à courir, puis s'arrête.*)

ANNETTE (à Andrée):   Si tu veux, accompagne Germaine

Comme ça, tu ne manqueras pas le train.

ANDRÉE (d'un ton conciliant): Mais non, voyons! Peut-être ne le manquerons-nous pas.

ANNETTE: J'espère que non. Oh!

(*Elle laisse tomber un livre et se penche pour le ramasser.*)

ANDRÉE: En tout cas je t'attendrai.

ANNETTE: Merci beaucoup. Oh!

(*Elle se heurte le pied contre un caillou. Andrée lui tend la main et l'aide.*)

ANDRÉE: Mais, Germaine, tu attends toujours! Tu ne vas pas acheter les billets?

GERMAINE: Non Andrée. J'ai changé d'avis. Il vaut mieux attendre. Si nous manquions le train il faudrait penser à partir par un autre moyen de transport, n'est-ce pas?

ANDRÉE: C'est vrai. Nous ne pourrons pas attendre trois heures.

ANNETTE: J'entends le train qui arrive!

(*Bruitage: bruit d'un train qui s'approche ou qui part.*)

Dépêchons-nous!

ANDRÉE: Je crains que ce ne soit le départ, non pas l'arrivée. Il est déjà onze heures.

GERMAINE (regardant sa montre): Moi, j'ai onze heures moins deux.

ANDRÉE: Ta montre retarde, ma petite. Regarde la grande horloge à la gare.

ANNETTE: Oh! Il est trop tard. Nous l'avons donc manqué. Il est onze heures.

GERMAINE: Oui, et le train part. Mais nous n'allons pas pour ça renoncer à ce que nous avions projeté.

ANDRÉE: Bien sur que non. Il faut y aller quand même. Nous avons nos bicyclettes. Nous ne voulons pas perdre notre jour de congé en restant chez nous.

GERMAINE: Moi, je ne veux pas rester chez moi.

ANNETTE: Ni moi non plus. Si nous revenions chacune chez nous chercher nos vélos?

ANDRÉE: Oui. Et Annette, laisse tes paquets cette fois chez toi, n'est-ce pas?

GERMAINE: Ne t'encombre pas d'autant de choses en revenant, Annette.

ANNETTE: Ah! Mais je pourrai mettre mes livres et mes sandwichs dans ma sacoche.

GERMAINE: Tu as raison. Eh bien, c'est entendu? Nous allons nous rencontrer de nouveau; mais où et à quelle heure?

ANDRÉE: Ici—dans dix minutes!

ANNETTE: Un quart d'heure, je t'en prie. Dix minutes, ce n'est pas assez pour moi!

GERMAINE: Mais nous t'attendrons, n'est-ce pas, Andrée?

ANDRÉE: Je crois bien. Nous t'attendrons comme toujours!

(*Elles commencent à sortir de scène.*)

RIDEAU

Scène II

Andrée et Germaine attendant à l'extérieur de la gare. Elles sont toutes deux descendues de leurs bicyclettes, qu'elles ont placées contre le mur de la gare.

GERMAINE: Je crois qu'il va peut-être pleuvoir. Le ciel est couvert. J'ai donc mis mon imper.

ANDRÉE: J'espère que non, que tu te trompes, car cette robe-ci est en jersey, et le jersey se déforme une fois mouillé.

GERMAINE: Ce serait dommage. Elle est jolie, ta robe. Elle te va à merveille. Est-elle neuve? Il me semble que je ne l'ai pas vue.

ANDRÉE :   Oui, elle est neuve. Maman me l'a achetée samedi dernier, comme cadeau.

GERMAINE :   Cadeau? Mais ce n'était pas ton anniversaire. C'est au mois de février, si je ne me trompe pas.

ANDRÉE :   Tu as raison. C'est le vingt-quatre février. Heureusement que ce n'est pas le vingt-neuf!

GERMAINE :   Je me demande ce que font ceux qui sont nés le vingt-neuf! A l'âge de vingt-quatre ans, est-ce qu'ils ont célébré leurs anniversaires seulement six fois?

ANDRÉE (riant) :   Mais non : ils célèbrent leur anniversaire le premier mars, sauf les années bissextiles.

GERMAINE (regardant sa montre) :   Il est onze heures et quart, et Annette n'est pas revenue. Où est-elle?

ANDRÉE :   Elle arrivera à onze heures vingt, pleine d'excuses charmantes. Elle n'est jamais à l'heure.

GERMAINE :   Pourquoi? C'est une question intéressante. Est-ce qu'elle a toujours été comme ça? Elle n'est point paresseuse. Elle est fort appliquée en classe. Je ne le comprends pas du tout.

ANDRÉE :   Ni moi non plus. Il faut l'accepter telle qu'elle est.

GERMAINE :   Je suis d'accord, mais j'espère quand même qu'elle ne mettra pas longtemps à venir. En tout cas, notre excursion sera assez courte.

ANDRÉE :   La voici!

GERMAINE :   Où?

ANDRÉE :   Tu ne la vois pas? Là—dans la côte, mais une auto essaie à ce moment de la doubler. La voilà!

GERMAINE (criant à la cantonade) :   Holà! Annette! Onze heures et quart, hein?

ANNETTE (entrant en scène, poussant sa bicyclette devant elle) :   Oh! Mille pardons! Je suis en retard, moi.

ANDRÉE (ironiquement): De cinq minutes seulement, ma petite. Ce n'est pas grave.

GERMAINE: Eh bien, maintenant que tu es arrivée, si nous prenions une tasse de café avant de partir?

ANNETTE: Où?

GERMAINE: Au buffet.

ANDRÉE: Il faut acheter des billets de quai.

GERMAINE: Quoi alors?

ANNETTE: Moi, je les achèterai.

GERMAINE: Merci, Annette.

ANDRÉE: Question purement théorique—pourquoi as-tu été en retard?

ANNETTE: Franchement, je ne sais pas. Je suis revenue chez moi aussi vite que possible, j'ai posé mes livres sur la table dans ma chambre. Mais j'ai dû les ranger—autrement Maman l'aurait fait, et alors je n'aurais pas pu les trouver quand j'en aurais eu besoin. Je range toujours mes affaires, moi. Puis j'ai changé de robe. J'ai mis une culotte, pour être plus à l'aise à bicyclette.

GERMAINE: C'est une très bonne idée. Et tu as toujours tes sandwichs?

ANNETTE: Bien sûr. J'ai toujours faim quand je me promène à bicyclette, surtout à la campagne.

ANDRÉE: Eh bien, allons prendre une tasse de café, et puis, si nous avons de la chance, nous partirons vers onze heures et demie ou vers midi moins le quart.

GERMAINE: Si nous nous dépêchons, je crois que nous pourrons partir vers onze heures et demie. Il ne faut pas dix minutes pour avaler une tasse de café.

ANDRÉE: Non, mais il se peut que nous devions attendre au comptoir du buffet. Ça dépend de s'il y a beaucoup de monde, beaucoup de voyageurs ou non.

GERMAINE: Mais nous avons un atout. Nous avons Annette avec nous, et j'ai remarqué plusieurs fois qu'elle a l'habitude de se faire servir tout de suite. Je ne sais pas pourquoi, mais elle le fait souvent à la cantine.

ANDRÉE: C'est parce qu'elle est gentille. On aime son sourire.

ANNETTE: Vous me taquinez—ou vous vous moquez de moi. Je suis toujours en retard, et je dois attendre comme les autres à la cantine. Si l'on me sert parmi les premiers, c'est parce que je suis la première à arriver. C'est si simple.

GERMAINE: Oui, tu as raison, Annette. Nous te taquinons Allons acheter les billets de quai et allons au buffet, n'est-ce pas?

(*Elles vont toutes les trois dans la direction de l'entrée de la gare, à l'arrière-scène.*)

RIDEAU

Scène III

A la campagne. Au centre de la scène, vers le fond, un talus. Andrée, Annette et Germaine roulent lentement sur scène.

GERMAINE: Si nous nous arrêtions quelques instants?

ANDRÉE: D'accord.

ANNETTE: D'accord, merci!

(*Elles descendent de bicyclette et s'asseyent sur le talus.*)

Oh! Que j'ai chaud!

GERMAINE: Moi aussi. Je vais ôter mon imper. Je le mettrai dans ma sacoche.

ANDRÉE: Mais je crois que, bien qu'il fasse chaud, il va quand même pleuvoir.

GERMAINE: Eh bien, s'il pleut, je peux m'arrêter et le remettre.

ANNETTE: J'ai faim. Si nous mangions les sandwichs?

GERMAINE: Tu peux les manger, Annette. Nous avons roulé

assez vite jusqu'ici, et nous atteindrons notre but dans une heure.

ANNETTE : Bon. Tu veux en manger, Germaine?

GERMAINE : Non, merci, Annette.

ANNETTE : Et toi, Andrée? Prends-en.

ANDRÉE : Merci. Pourrais-tu en partager un? Je pourrais en manger la moitié, mais pas un sandwich entier. Ce serait trop.

ANNETTE : Oui. Je coupe en deux.

ANDRÉE : Tu as un couteau ou un canif?

ANNETTE : Un canif. Mais je m'en servirai.

ANDRÉE : Merci beaucoup.

(Annette coupe un sandwich en deux, et en donne la moitié à Andrée, qui la mange.)

Oh! Qu'il est bon, ce sandwich! C'est toi qui l'as fait, Annette?

ANNETTE : Non, c'est ma mère.

ANDRÉE : C'est de la viande?

ANNETTE : Non, c'est un pâté aux herbes.

ANDRÉE : Il est très bon. Veux-tu demander à ta mère si elle veut bien me donner la recette.

ANNETTE : Avec plaisir. Elle sera si contente à cause de tes louanges! Mais je ne suis pas sûre—il se peut qu'elle l'ait acheté tout fait à l'épicerie ou à la charcuterie en boîte ou en tube.

ANDRÉE : Eh bien, demande-lui où je peux l'acheter. Je suis certaine que Maman serait ravie de s'en servir.

GERMAINE : Vous voulez continuer à rouler?

ANDRÉE : Pas encore, Germaine. C'est toi qui nous as dit que nous arriverions à la ville dans une heure (d'un ton rêveur): Il est si agréable d'être à la campagne, d'entendre chanter les oiseaux, de voir le ciel bleu sans nuages. (Elle soupire.)

GERMAINE : Mais, mon amie, pas aujourd'hui. Les oiseaux ne chantent point, et le ciel est couvert.

ANDRÉE (d'un ton plus vif) : Ça, c'est vrai. Mais vous me comprenez bien tout de même. J'aime tant la campagne. Elle est si tranquille.

GERMAINE : Il y a un grand inconvénient—le transport. Vous en convenez, toutes les deux, n'est-ce pas?

ANNETTE (s'excusant) : Ne me le rappelle pas. C'est ma faute si nous avons raté le train. Je vous demande pardon. C'était à cause de moi.

ANDRÉE (écoutant) : J'entends un oiseau—un seul oiseau qui gazouille, mais je ne le vois pas. Il doit être dans la haie.

GERMAINE : Sans doute il y en a beaucoup. Ils sont très sages, les oiseaux. Quand il ne fait pas beau, ils se cachent!

ANNETTE : Ah! Il fait maintenant assez beau. Est-ce que nous continuons notre promenade?

ANDRÉE : Oui, si nous sommes toutes prêtes.

(*Elles montent à bicyclette et sortent de scène à gauche.*)

RIDEAU

Scène IV

A la campagne. Les trois jeunes filles entrent à droite à bicyclette. En même temps il y a le bruit d'une crevaison. Annette s'exclame.

ANNETTE : Oh là là!

ANDRÉE : Qu'est-ce qu'il y a donc?

ANNETTE : Mais je crois que ... crains que ... mon pneu ne soit crevé!

(*Elle descend de bicyclette.*)

GERMAINE: Oh non! Pas possible!

(*Elle aussi descend.*)

ANDRÉE: Ma pauvre Germaine, c'est bien possible! Examinons le pneu d'Annette. Oui, malheureusement, ma petite Annette, tu as parfaitement raison. Ton pneu est crevé.

ANNETTE: Que faire alors?

GERMAINE: Tu n'as pas ta trousse à réparations?

ANNETTE (d'un ton très fier): Mais si, je l'ai toujours! Je ne suis pas bête!

ANDRÉE: Eh bien, nous pouvons réparer la crevaison.

GERMAINE: Est-ce que le trou est grand? Ça prendra longtemps?

ANDRÉE: Oh non! Un quart d'heure.

ANNETTE: Je ferai aussi vite que possible. Vous verrez. Je veux absolument finir notre promenade à bicyclette à l'endroit décidé. Je ne veux point revenir déjà.

ANDRÉE: Ce qu'elle est entêtée!

GERMAINE (riant): Aidons-la. Moi je tiendrai le pneu; Annette, tu prendras l'emplâtre et tu le mettras dessus, n'est-ce pas?

ANNETTE: Et voici la colle.

GERMAINE (après quelques moments, pendant lesquels elles font la réparation): Bien! Ça y est!

ANNETTE: Merci, merci mille fois. Nous pouvons donc continuer?

ANDREÉ: Bien sûr que oui. En route!

RIDEAU

NOTES

fam. familier: the language used in speaking to one's friends or family.

lit. literally, word for word.

UN ANNIVERSAIRE JOYEUX

P. 9

J'ai dormi comme une souche: I slept like a log.

n'importe quoi: anything, no matter what.

il frisera bientôt la cinquantaine: he will soon be getting on for fifty.

quoi alors? what then?

elle fait une révérence très gaie: she curtsies very gaily; (lit.) she makes a very gay curtsy.

Monsieur et Madame sont servis: breakfast is served.

comment as-tu deviné? However did you guess?

faire des économies: to save (up), to save money (generally by cutting down expenses).

aux devantures des magasins=en vitrine: in the shop-windows.

des idées un peu rococo: rococo (fam.): out of date, old-fashioned. The adjective 'rococo' is invariable.

donner un coup de fil (fam.): to 'phone, to ring up.

être d'accord: to agree.

rouler un petit peu: (here) to drive on a little longer.

AU RESTAURANT

P. 19

un restaurant du quartier: a restaurant in the neighbourhood, a local restaurant.

ce n'est pas la peine: it is not worth while.

vous êtes un de mes habitués: you are a regular customer.

j'ai changé d'avis: I have changed my mind.

poulet à la crème: chicken with a sauce made with cream.

pommes de terre en robe de chambre: potatoes baked in their jackets/skins.

un carafon, un pichet: small (half) decanter or jug.

une carafe: a decanter.

ça va: that will do.

je suis pressé: I am in a hurry.

une salade niçoise: a salad consisting mainly of tomatoes, olives and peppers.

je ne suis pas obligée d'étudier: I haven't got to study.

moto (fam.)=motorcyclette.

sensass (fam.)=sensationnel

il commencera à se faire tard: it will be getting late.

un petit suisse: a small cream cheese rolled and wrapped.

je crois que oui: I think so.

MONSIEUR LEBLANC EST HOSPITALISÉ!

P. 28

Vous allez mieux: you are better, aller bien: to be well aller mieux: to be better.

une tisane de tilleul: a lime tea, an infusion made with lime tree flowers.

elle lui tâte le pouls: she takes/feels his pulse.

mes yeux me font mal: my eyes hurt.

il est sur son séant: he is sitting up.

tu m'as tellement manqué: I have missed you so much.

pas grand'chose: nothing much.

d'assez près : closely enough.

au sein de ta famille : surrounded by, among, with your family.

pas mal de monde : not a few people, quite a lot of people.

ON EST PRÊT?

P. 36

que je coupe=jusqu'à ce que je coupe : until I cut.

est-ce que tu ne l'aurais pas laissé ... ? Have you left it ... ? Where the question is mere supposition, the Past Conditional is used in French.

merci mille fois : thank you so much, very much. (lit.) thank you a thousand times.

De rien : don't mention it.

sous peu : shortly.

à la cantonade : off-stage, behind the scenes.

veux-tu apporter : be so kind as to bring, please bring.

ON VOYAGE PAR LE TRAIN

P. 45

La salle des pas perdus : the entrance hall.

des billets aller (et) retour : return tickets.

le train *de* Paris : the train *to* Paris.

ça vaut la peine : it is worth while.

pour ainsi dire : so to speak, as it were.

le ciel est couvert : the sky is overcast.

je crois que non : I don't think it will, I think not.

de face : facing the engine.

dans le sens contraire de la marche : back to the engine.

veux-tu que je monte la glace? would you like me to shut the window?

on peut fermer le chauffage : we can turn off the heat.

un compartiment non-fumeurs : a non-smoking compartment.

échanger ... contre la mienne : exchange, change over with mine.

ça y est : that's it, that's all right, I'm all right.

une société protectrice : a Society for the prevention of cruelty to animals/horses.

une chaise de plus : another chair.

nous nous engageons dans les environs de Paris : we are entering, coming in to the outskirts of Paris.

en plein centre : right in the middle, in the heart of.

tu dormiras sur tes deux oreilles : you will sleep soundly.

LA DISTRIBUTION DES PRIX

P. 55

La parole est à Madame : it's Madame's turn to speak.

toutes les quinzaines : once a fortnight, every fortnight.

l'heure s'avance : time is getting on.

la (classe) terminale : the top class of the lycée, in which at the end of the year pupils take the school-leaving examination, the baccalauréat.

placée ex aequo : bracketed equal.

un succès fou : a great, tremendous success.

ON TRAVERSE LA RUE

P. 64

il me manque beaucoup beaucoup : I miss him very much (indeed).

il tenait beaucoup à : he thought a lot of.

pas formidable : (fam.) not wonderful.

comme nom : as a name.

mais si, il y en a : yes there is.

si nous traversions ensemble : shall we cross together? After si, for supposition in the present or in the future, the Imperfect is used in French.

attendre que=jusqu'à ce que=to wait until.

j'étais dans mon tort : I was in the wrong.

un citron pressé : lemon squash.

un café filtre : coffee made in a glass through a percolator.

à la santé de tous! Good health, everyone!

UNE RÉPÉTITION

P. 73

sois tranquille : (here) don't worry.

amusez-vous bien : enjoy yourselves.

vous y êtes? you've got it? you are ready?

en l'occurrence : in this case.

cela se comprend : that is understandable.

il se désinvite : (lit.) he disinvites himself.

sans cela : otherwise, were it not so.

elle ne pourra pas venir non plus : she will not be able to come either.

encore une fois=une fois de plus : once more.

faisant le numéro : dialling the number.

nous avons été coupés : we have been cut off.

raccrocher : to hang up, to ring off.

mon vieux : 'old thing', 'old chap' : a term used by schoolboys in speaking to each other, or between very close friends.

si tu veux bien me passer ta mère : if I may speak to your

mother, if you would be so kind as to hand the 'phone to your mother.

cela nous fera très plaisir: (fam.) that will give us much pleasure, we shall be very pleased.

je parle pour=je parle de la part de: I speak for, on behalf of.

en voilà assez: that's enough.

une promenade en vélo: (fam.) a bicycle ride.

ON VOYAGE PAR LE MÉTRO!

P. 84

Marie la fera entrer: Mary will show her in.

de temps en temps: from time to time.

tutoyer: to use 'tu' and 'toi' in speaking to someone.

vouvoyer: to use 'vous' in speaking to someone.

suivre le boulevard: to go along the boulevard.

profiter de l'occasion: to avail oneself of, to take the opportunity.

descendre (here): to get out.

en cours de route: in the course of, during the journey.

je suis de ton avis: I am of your opinion, I agree with you.

en marche: on the move, moving.

cela m'est égal: it's all the same to me, I don't mind.

DES ASTRONAUTES ATTERRISSENT

P. 93

il fait si noir: it is so dark.

droit(e) comme un I: bolt upright.

le compte à rebours: the count down.

l'aire de lancement: (lit.) the area of: the launching-pad.
exercer un métier: to follow a profession.
Quel métier veut-il exercer? What profession will he enter,
   take up?

LES COWBOYS

P. 101

n'importe quoi: anything, no matter what.
c'est à vous de ...: it is for you to ...
peu importe: it matters little, it is immaterial.
il met quatre couverts: he sets four places (at table).
à discrétion: as much as you want.
pour moi=de ma part: for me, on my behalf.
à votre service, monsieur: the correct reply to 'merci'.
il n'y a pas de quoi: the correct reply to 'pardon'.
je crois bien: I believe you.

ON JOUE DE LA GUITARE

P. 109

pourtant: nevertheless, all the same, however.
bis! (lit.) again=English 'encore'!
il faut s'y habituer: one must get used to it.
mon avis à moi: my own opinion, *my* opinion.
laissons tomber (fam.)=omettons: let's leave out.
Comme si nous avions peur de rater le train: as if we were
   afraid of missing the train.
je t'en prie: the correct reply to 'je te demande pardon.'
je crois bien: (here) I should think so!
ce n'est pas à toi de ... c'est à moi: it isn't your turn (to pay
   for them) it is mine. (lit.) it isn't for you to ...

UN ÉLÈVE JOUE LE ROLE DU PROFESSEUR

P. 116

prendre la parole : to address the meeting, to speak next.

j'ai été chahuté : (fam.) I was 'ragged'. Un chahut : A commotion, a 'rag'.

me traiter en professeur ... pas en copain : to treat me like a... teacher, not like a pal, chum.

de notre faute à nous : our own fault, *our* fault (emphatic).

ON EST DANS LA CUISINE!

P. 125

faire du lèche-vitrine : to go 'window-shopping'.

toute la place : (here) all the space.

à four chaud : in a hot oven.

à four moyen : in a moderate oven.

à four doux : in a slow oven.

Une omelette aux fines herbes : an omelet made with herbs.

passer au tamis : to put through the sieve.

une crème au chocolat : a kind of chocolate blancmange.

si nous ajoutions? Shall we add ...?

battre fort : beat well.

j'en ai plein les mains : I have my hands full. 'plein' is placed before the noun, and is invariable.

frigo (fam.) = frigidaire : refrigerator.

revenons à nos moutons : let us return to our subject. A reference to a fifteenth century farce, La Farce de Maître Pathelin, in which the judge reminded the court that the subject was sheep.

couper en rondelles : to cut into rings.

un gâteau à l'anglaise : a cake made in the English way, a 'fruit cake'.

un plat creux : a shallow dish.

une terrine : a pie-dish.

beurré : greased.

ON MANQUE LE TRAIN!

P. 137

soufflant et haletant : puffing and panting.

je fais de mon mieux : I am doing my best.

entendu (here) : all right.

je file = je pars : I am going.

ta montre retarde : Your watch is losing time, is slow.

ne t'encombre pas d'autant de choses en revenant : don't be so encumbered, cluttered up when you come back.

je t'en prie (here) : I beg you, do please.

je crois bien (here) : I should think so.

imper : (fam) = mon imperméable : my 'mack', mackintosh.

le jersey se déforme : jersey (material) pulls out of shape.

ni moi non plus : nor I either.

telle qu'elle est : as she is.

si nous prenions : shall we take ...?

si nous nous arrêtions : shall we stop?

ce qu'elle est entêtée! ce que (fam) = qu(e) = qu'elle est entêtée : how obstinate she is!

bien sûr que oui : yes indeed, of course.

VOCABULAIRE

un abricot, *apricot*
un accessit, *honourable mention*
un accessoiriste, *'props', the man in charge of theatre properties*
accrû (from 'accroître'), *increased*
un accueil, *welcome*
actuel(le), *present, at the present time*
une adresse, *skill*
s'affoler de, *to be infatuated with*
agaçant(e), *irritating, annoying*
ainsi de suite, *and so on*
une aise, *ease*
à notre aise, *at our ease, comfortably, easily*
aller avec, *to go with, to suit*
amaigrissant(e), *slimming*
amerrir, *to come down in the sea*
une amitié, *friendship*
un ananas, *pineapple*
annuler, *to cancel*
d'aplomb, *plumb, perpendicular, upright*
un applaudissement, *applause*
appliqué(e), *diligent, hard-working*
une asperge, *asparagus*
s'attendre à, *to expect*
une attente, *waiting*
une attention, *waiting, notice*
atterrir, *to alight, to land*
une aube, *dawn, daybreak*
un auditoire, *audience*
une autoroute, *motorway*

avertir, *to let know*
avoir lieu, *to take place*
bâiller, *to yawn*
la batterie, *percussion (instruments)*
battre des mains, *to clap, to applaud*
bénir, *to bless*
bienveillant(e), *kindly*
la bienvenue, *welcome*
souhaiter la bienvenue à quelqu'un, *to bid someone welcome*
le bloc-notes, *note pad, memo-pad*
bondé(e), *very full, quite full, crowded*
bouleverser, *to upset, to overturn, to turn upside down*
le brouhaha, *uproar, hubbub*
le bruitage, *'noises off' in the theatre*
le buffet 1. *the sideboard*
  2. *refreshment-room*

le cabas, *shopping-basket*
cacheté(e), *sealed*
le caillou, *stone, pebble*
la caissière, *cashier*
le canapé, *sofa*
le caniche, *poodle*
la canne à pêche, *fishing-rod*
le canot gonflable *(inflatable) dinghy*
la cantine, *canteen*
le capitaine de vaisseau, *ship's captain*
le carburant, *fuel*
le carrefour, *crossroads*

la carrière, *career*

la carte du jour, *menu for the day*

le cas, *the case*
   en tout cas, *in any case, however, at all events*
   causer, *to chat*

la chaire, *teacher's desk*

chaleureux, (-euse), *warm*

chanter faux, *to sing out of tune*

la charcuterie, *pork, dressed pork, the pork-butcher's shop*
   chauffer, *to warm*
   réchauffer, *to heat up, to warm up again*

la chausson aux pommes, *apple-turnover*
   chavirer, *to capsize, overturn*

le, la chéri(e), *dearest, darling*
   chichement, *sparingly*

la citronnade, *lemonade*

le clou, *nail, stud*
   le passage clouté, *the pedestrian crossing*

le cœur, *heart*
   de tout cœur, *most willingly*

le col, *collar*

la colle, *glue, fixative*
   compter, *to expect, to intend*

le congé, *leave of absence, holiday*
   conscient(e), *conscious, aware*

le consommé, *clear soup*
   contrarier, *to vex, annoy*
   contre, *against*
   par contre, *on the other hand, on the contrary*

la côte, *slope*

le côté, *side*
   de côté, *sideways, from the side*

de couleur fauve, *fawn-coloured*

la coulisse (in *plural*), *wings (in the theatre)*

le couloir, *corridor of a train*

le couplet, *verse*

la course, *errand*
   faire des courses, *to go shopping*

la couture, *sewing, needlework*
   la haute couture, *high fashion, elegant clothes*

le couvert, *place at table*

la crevaison, *puncture*

le croissant, *kind of roll, crescent shaped*

la crudité, *raw fruit or vegetable*

la cuisine, *kitchen, cooking*
   la bonne cuisine, *good cooking*

la culotte, *shorts*

le cygne, *swan*

se débrouiller, *to get out of, to get disentangled, to manage*
   décerner un prix, *to award a prize*

la déchirure, *tear, rent*
   décortiquer, *to shell, to peel*
   décousu(e), *unstitched, ripped*
   déçu(e), *from 'décevoir', disappointed*
   défendre, *to forbid*

le défi, *defiance*
   porter le défi à, *to defy*
   dégourdir, *to stretch one's legs*

la dépêche, *telegram*
   dernier(-ière), *last*
   ce dernier, cette dernière, *the latter*

se désinviter (lit.), *to disinvite, to withdraw from the invitation one has had*

se détendre, *to relax*

la devanture, *the shop-window*
   dispos, *well*

frais et dispos, *hale and hearty*

la dissertation, *essay, paper to be read*

divertir, *to entertain, amuse*

donner sur, *to open on to, to look out on*

une eau, *water*

l'eau potable, *drinking water*

s'efforcer de, *to strive, to endeavour*

un élastique, *rubber band*

s'émerveiller, *to be amazed*

un emplâtre, *patch for bicycle tyre*

encombrant(e), *cumbersome*

enfoui(e), *hidden*

enfourner, *to put in the oven*

engourdi(e), *numb, benumbed*

ennuyant(e), *annoying, boring*

enregistrer, *to register*

entamer une conversation, *to begin a conversation*

entendu, *agreed*

un entr'acte, *interval (in the theatre)*

un entraînement, *training*

un entremets, *a second course (of a meal)*

un éperon, *spur*

un épinard (plural), *spinach*

éplucher, *to clean, to pare, scrape*

un équipage, *crew*

une équitation, *horse-riding*

une estrade, *platform, stage*

d'en face, *opposite*

fâché(e), *vexed, displeased, offended*

faire attention, *to take care*

faux, *false, wrong*

chanter faux, *to sing out of tune*

la félicitation, *congratulation, (usually in plural)*

féliciter, *to congratulate*

la feuille, *leaf*

la feuille de papier, *sheet paper*

les feux, *traffic lights*

la fève, *bean*

la fiche, *form*

remplir la fiche, *to fill in the form*

le fil, 1. *thread*
2. (fam.) *'phone*

le four, *oven*

fredonner, *to hum*

froncer les sourcils, *to frown*

fumer, *to smoke*

le fumeur, *smoker*

le garde-manger, *larder*

gauche, *clumsy*

gazouiller, *to twitter*

la gibecière, *satchel*

le gingembre, *ginger*

le goût, *taste*

la grenouille, *frog*

les hommes-grenouilles, *frogmen*

grincheux, (-euse), *grumpy*

grommeler, *to grumble*

le guéridon, *small round table*

guérir, *to cure*

le guichet, *booking-office*

le guidon, *handle-bars*

une habitude, *custom, habit*

comme d'habitude, *as usual*

une heure, *time, hour*

à l'heure, *punctual, on time*

tout à l'heure, *presently*

à tout à l'heure, *See you soon!*

à toute heure, *all the time, at all hours*

heurter, *to stumble*

se heurter le pied contre, *to knock one's foot against*

holà ! *hullo there!*
une honte, *shame*
    avoir honte de, *to be ashamed of*
    hospitaliser, *to go into hospital*

une improvisation, *extempore speech, improvisation*
    inclus, *included, enclosed*
un indicateur, *railway-guide*
un indicatif, *signature tune*
    indulgent, *indulgent*
    s'inquiéter, *to be anxious, to worry*
un intermède, *interlude*
une interruption, *an interruption*
un iris, *iris*
    la poudre d'iris, *orris-root powder*

    jumeau, (-elle), *twin*
    les jumelles, *field-glasses, binoculars*

le klaxon, *horn, hooter*

    laisser tomber, *to drop*
le, la lauréat(e), *prize-winner*
le lieu, *place*
    avoir lieu, *to take place*
    linguistique, *concerning language, speech*
la louange, *praise*
la loyauté, *loyalty*
    lugubre, *mournful, dismal, gloomy*

le mal, *evil, pain, bad thing*
    avoir mal au cœur, *to feel sick*
    avoir mal à la tête, *to have a headache*
    pas mal, *not a little, not a few, quite a number*
    se sentir mal, *to feel ill, unwell*
le manège, *riding-school*

la manifestation, *demonstration*
le marché, *market*
    à bon marché, *cheap, cheaply*
    bon marché, *cheap*
la matière, *school subject*
se mêler, *to meddle, interfere*
la ménagère, *housewife*
la mesure, *bar of music*
le metteur en scène, *producer*
    mettre le couvert, *to set the table*
la mie, *crumb*
    ma mie, *my dear*
la migraine, *headache*
la mine, *looks, countenance*
    avoir bonne mine, avoir une mine détendue, *to look well*
    avoir meilleure mine, *to look better*
la mode, *fashion*
    à la mode, *fashionable*
le monde, *world*
    tout le monde, *everyone*
le morceau de musique, *piece of music*
les mots croisés, *crossword puzzle*
le moule, *mould*
la mousseline, *muslin*
    pommes mousseline, *mashed potatoes*

    nature, *plain*
    nouveau, *new*
    de nouveau, *again*

    occupé(e), *engaged*
un ordinateur, *computer*
un ordre, *order*
    de premier ordre, *first-rate, excellent*
une oseille, *sorrel*

le palmarès, *prize list*

le pamplemousse, *grapefruit*
la part, *part, share*
   de ma part, *from me*
   prendre part à, *to take part in*
la partition, *musical score*
le passage clouté, *pedestrian crossing*
le pavé, *pavement*
la perruque, *wig*
la petitesse, *smallness, littleness*
la pièce, la pièce de théâtre, *play*
   sur place, *on the spot*
   rester sur place, *to stay where you are, i.e. not to move*
le plancher, *floor*
   plein(e), *full*
   plus, de plus, *more*
le pneu, *tyre*
   poindre, *to dawn, to break*
   point, *not*
   ne ... point, *not at all*
le porte-avions, *aircraft carrier*
se porter, *to be (used of health)*
   se porter bien, mal *to be well, ill*
le portillon, *automatic door, barrier*
   poser, *to place, put (down)*
   potable, *drinkable*
   pouffer de rire, *to burst out laughing*
   pourvu que, *provided that*
   préalablement, *previously*
   promener un chien, *to take a dog for a walk*
se promener, *to go for a walk*
   propre 1. *own*
   mon propre livre, *my own book*
   2. *clean*
   un mouchoir propre, *a clean handkerchief*
le propos, *talk, discourse*

à propos, *by the way*
à propos de, *about*

   quelconque, *any, some ... or other*
   quelque peu, *somewhat, rather*

   raccommoder, *to mend, repair*
le radioreporter, *commentator*
la rangée, *row*
   raser, *to shave*
   réchauffer, *to reheat, to warm up*
   réduit (from réduire), *reduced*
le régisseur, *stage manager*
se réjouir de, *to delight, to be glad*
la reliure, *binding of a book*
   remis, *recovered, well again*
   rendre visite, *to visit (some one)*
   renverser, *to turn upside down*
la répétition, *rehearsal*
la réplique, *reply: (in the theatre) cue*
   repos! *at ease!*
   rester, *to stay, remain*
   retenir, *to reserve*
   une place retenue, *reserved seat*
la retenue, *school detention*
se retirer, *to withdraw*
la rétrofusée, *retrorocket*
   rêveur, *dreamy, thoughtful*
le rôti, *roast meat*
   rouler, *to drive, ride, go*

la sacoche, *saddle-bag*
la sagesse, *wisdom*
   salir, *to dirty, to soil*
la salle d'attente, *waiting room*
le saumon, *salmon*

sauté, *fried*
le scaphandre, *space-suit*
la selle, *saddle*
se sentir mal, *to feel ill*
serrer la main à, *to shake hands with*
la serviette, *portfolio, dispatch case*
se servir de, *to use*
seul, *alone, only, single*
　un seul oiseau, *a single bird*
le sirop, *syrup*
le soin, *care*
　avoir soin de, *to take care of*
　prendre soin de, *to take care of*
la somme, *sum*
　en somme, somme toute, *in short, on the whole*
la sonnerie, *ringing of a bell*
la soucoupe, *saucer*
le souffleur, *prompter*
soulager, *to relieve*
soupirer, *to sigh*
le sourcil, *eyebrow*
　froncer les sourcils, *to frown*
spatial(e), *in space, spatial*
la strophe, *stanza*
suite, *succession*
　ainsi de suite, *and so on*
　tout de suite, *at once, immediately*
supplice, *punishment, torture*
supputer, *to compute, to calculate*
surveillante, *hospital sister*
sus, *upon*
　en sus, *extra, over and above*

la table roulante, *tea trolley*
le talus, *bank, slope, embankment*

tant, *so far*
　tant pis! *it can't be helped!*
　en tant que, *as*
tantôt, *soon*
　à tantôt! *See you soon!*
taquiner, *to tease*
témoigner, *to show, to express*
à tempérament, *by instalments*
tomber, *to fall*
　laisser tomber, *to drop*
le tome, *volume, book*
la tortue, *tortoise*
la tournure, *turn of phrase, expression*
tout, *all*
　tout à fait, *quite, entirely*
　comme tout, *like anything, very*
le train, *course*
　en train de, *in the act of, busy with*
le trimestre, *term*
le trombone, *paper clip*
la trousse à réparations, *repair outfit*
à tue-tête, *at the top of one's voice*

le vaisseau, *vessel, ship*
valable, *available*
valoir, *to be worth*
　valoir mieux, *to be better*
　il vaut mieux, *it is better*
venir de, *to have just done*
le vernis à ongles, *nail varnish*
le vers, *line of poetry*
la vitrine, *shop window*
vouloir bien, *to be so kind as to*
　en vouloir à, *to be angry with*
le zeste, *the zest, outer rind (of a lemon or an orange)*